바람이 홀로 생각하는가

바람이 홀로 생각하는가

도진 지음

맑은소리맑은나라

들어가면서

내게 주어진 인생에서의 남은 날이 얼마나 될지는 모르지만 가끔은 일탈을 꿈꾸기도 해보고, 또 어느때는 그저 아무도 모를 나만의 공간에 숨어들어 누구와도 만나지않고 시간이 얼마나 흘렀는지도 모를때까지 혼자만의 시간을 즐기기도 합니다.

인생의 어느 일정기간동안 내게 주어진 책임을 내려두고 다시 나만의 시간을 즐기려 합니다.
몇일이 될지, 몇달이 될지 혹은 몇년이 될지 모르지만 내가 마주한 오늘을 즐겁게 맞으려합니다.
그리고 이렇게 제가 걸은 길이 서산대사의 답설가처럼 혹여 어지럽지나 않았는지 뒤돌아보고 그 흔적들을 남기려 합니다.

제가 살면서 끝없이 꿈꾸던 대자유는 도대체 무엇인가도 스스로에게 끊임없이 되물으며 살아보려 합니다.

종교가 세상을 어지럽히며 부귀영화를 탐내며 영원한 그들만의 행복을 꿈꾸고 있는건 아닌지 돌아봅니다.

　8년간의 작은 암자 주지소임을 내려놓고 다시 홀가분하게 길을 걸어가려 합니다.

　얼마간의 시간이 될지 모르지만 사유를 만끽해보려 합니다.

　내가 걸어가는 이 길이 어지러웠다면 제 발자국을 보고 뒤따라 걸어올 이는 그 어지러움을 건너뛰어 바르게 갈수 있도록

　가끔 깃발 하나씩 세우는 마음으로 흔적 하나라도 남겨보려 합니다.

　오늘도 행복한 삶을 걷는 당신이 되기를 빕니다.

　행복한 한걸음 한걸음이 되시길.

도진 합장

목차

목차

졸업-오자키 유타카 음악을 들으며

1

인터넷을 하다가 가끔 오래전 음악을 다시 듣게 될 때가 있다. 그냥 무심코 듣고 지나칠때도 있고, 그 음악이 내 마음에 평온을 주기도 하고, 슬픔을 느끼게도 한다.

'I love you'라는 포지션의 노래를 듣다가 문득 원곡을 들어보아야겠다는 생각이 들어 찾아보니 일본의 '오자키 유타카'라는 가수가 나왔다. 'I love you'라는 오자키 유타카의 공연영상을 보면서 원곡이 훨씬 더 감정표현이나 슬픔이 짙게 들렸다.

그리고 오자키 유타카라는 가수의 일생을 찾아보고난 후에, 젊은 시절의 내가 느낀 감정들과 자유를 갈망했던 기억들이 떠올랐다.

우선 오자키 유타카가 가진 뛰어난 외모와 음악적 천재성, 그리고 그의 천재성을 이용해먹는 기성세대에 대한 분노와 좌절이 세상 어느 곳에서나 벌어지고 있다는 사실을 다시금 깨닫고 만다.

오자키 유타카에 대해 먼저 이야기해보자면 1965년에 태어나서 1992년 스물 여섯의 나이로 세상을 떠났다.

1980년대를 대표했던 싱어송라이터이면서 청춘의 아이콘이기도 했다.

우리나라의 가수들중 죽음은 김광석과 비슷하고, 김현식과도 비슷한 면이 있다고 이야기 하는 사람도 있는데, 기존 사회의 틀에 대해 저항적인 면을 보이는 모습은 어쩌면 서태지보다 더 10여년 이상 빨랐던 사람이다.

인생이 너무 드라마틱해서 그리고 기성세대의 욕심에 인생이 꺾여지는 모습이 처절하다.

서태지에게 교실 이데아가 있다면, 오자키 유타카에게는 졸업이라는 노래가 있다.

세월이 흘러 내 스스로 기성세대가 되어 젊은 그 시절의 나를 되돌아 본다.

나도 저 졸입의 가사처럼 그렇게 생각하고, 청바지에 먼티 히나만 걸치고 주머니엔 몇천원밖에 없었어도 세상에 대한 두려움보다 그저 스스로 자유롭게 살고 싶었던 그 예전의 '나' 는 지금 어디쯤에 있을까.

지금의 나와 그때의 내가 서로 만난다면 어떠할까.

아래는 오자키 유타카의 졸업 가사말이다.

교정의 잔디밭위에 드리워진 하늘
환상과 리얼한 기분을 느끼고 있었어.

차임벨이 울리고, 교실 언제나 같은 자리에 앉아
무엇에 복종하고, 따라야 할지 생각했어.
불안한 마음 지금 내게 있는건
의미없다고 생각되어 방황했어.
방과후 바람이 부는 거리를 어슬렁거리는 우리들
고독한 눈동자로 쓸쓸하게 걸었어.
웃음소리와 한숨이 가득한 가게에서
핀볼(빠칭코의 일종)의 높은 점수를 올리기 위해 기를 썼어.
지루한 마음 자극만 있다면
뭐든지 과장해서 계속 이야기하곤 했어.
예의 바르게, 성실한 행동 따위는 할수 없었어.
밤의 학교 유리창을 부수며 돌아다녔어.
계속된 반항과 발버둥
빨리 자유로와지고 싶었어.
믿을수 없는 어른들과의 다툼속에서
화해하며 도대체 무엇을 깨달았던걸까
지긋지긋했지만 그래도 지냈어.
한가지 깨달은 것은
이 지배로부터의 졸업
누군가의 싸움이야기에 모두 열광하고
자신이 어느 정도 강한지 알고 싶었어.
힘만이 필요하다고 완강하게 믿고
따르는건 지는 거라고 가르쳤어.
친구에게조차 강하게 보이고 싶었어.

때로는 누군가를 상처입혀도
이윽고 모두가 사랑에 빠지고, 사랑의 말과
이상의 사랑 그것에 마음을 빼앗겼어
살아가기 위해 타산적인 사람이 되어야 한다고 하지만
사람을 사랑하는 그 정직한 마음을 강하게 믿었어.
소중한 것은 무엇일까.
사랑하는 일과
살아가기 위해 하는 일을
구별하는것에 망설였어

이하 생략.

매년 봄이면

2

매년 봄이면 절에서는 초파일 준비가 한창이다. 하지만 올 봄은 산불과 대통령 탄핵, 그리고 경제침체라는 이슈 때문인지 가라앉은 분위기다.

초파일 준비라는게 예전 같으면 연등을 먼저 만들었다.

보통 3월부터 연등을 만들 불자들이 모여 시끌벅적한 분위기였는데, 요즘은 공단등(천과 프라스틱으로 만들어진)이나 비닐등을 사다가 걸어 놓으니 굳이 연등을 만들 필요가 없게 되었다.

연등을 만드는 작업도 전통문화 계승이라는 시각으로 보면 사라져가는 모습이라서 아쉬운 맘이 든다.

하지만 절마다 신도분들도 등을 만들 사람이 점점 줄어들어 더 이상 많은 시간을 들여 연등을 만들 수 없게 되었다.

젊은 사람들이 불교 신도로 유입이 되지 않으니 자연스럽게 전통도 이어가기 힘들게 되어버린 것이다.

그런데 한편으로는 템플스테이에 젊은 사람들이 대부분 신청

한다고 한다.

또 불교박람회에 젊은 사람들이 엄청나게 많아졌다고 한다.

무슨 이유일까.

난 이렇게 본다.

내가 어릴적 가던 절은 신도들이 많기는 했었다.

그때는 많았는데 지금은 왜 적은가.

여러가지 이유가 있겠지만 그 시대의 절은 여성 신도들이 많고 엄하고 권위주의적인 시대의 힘든 삶을 위로해주는 도피처 같은 곳이기도 했다.

또 곤궁한 살림에 절에라도 가면 배고픔이나마 잊게 해줄 비빔밥이라도 있었다.

경제가 발전하고, 남녀 가릴것 없이 직장을 다녀야 하는 이 시대에 절에 찾아갈 맘의 여유조차 없어지기도 했다.

하지만 세속의 일이나 불교내부의 일도 봉건적인 권위를 보이는 곳에는 사람들이 멀어지기 마련이다.

자신의 말을 듣지 않으니 폭력적인 힘을 써서라도 권위를 세우고 권력을 가지려 한다.

그 권력을 통해 자신의 이익만을 추구하고, 자신들의 계급을 공고히 하려 한다.

그게 절이나 세속이나 똑같다.

절집에 살면서 승려가 권력을 쥐고 돈을 많이 가지면 큰스님이라고 추앙받는 일들이 비일비재하게 나타나고 있다.

권위를 내려놓고 수행을 통해 깨달음을 얻고 자연스럽게 사람들이 모이고, 권위가 만들어지기보다 세속의 학력을 내세우고, 돈을 모으는 일에 매진하는건 아닌가.

　제발 껍데기는 가라.

　포교를 열심히 한다고 사람들을 모으는 일이 내가 수행을 하고, 내 공부가 완성되었다는 뜻은 아니다.

　오늘도 연등을 달면서 이 연등 하나 하나가 세상의 빛이 되기를 빈다.

선지자가 우리에게 올때는

3

그저 한세상 바람처럼 왔다가 가는게 당연한가. 그렇게 바람처럼 왔다가 가려고 잿빛 승복을 입고 승려가 된건가. 아니면 법상에 올라가 남들 앞에서 큰소리로 주장자를 내리치면서 "이 도리를 아느냐"고 떠드는게 네가 살고 싶은 삶이냐? 그것도 아니면 매일 목불상 아래 앉아 목탁 두들기면서 염불만 외다가 가는게 인생목표라도 되는가.

미륵은….

새로운 세상에 오실 부처님은 신으로 오는가.

아니다.

인간으로 온다.

그럼 어떤 인간으로 올거라 생각하는가.

예수는 그 시대의 고통을 중생과 같이 동사섭으로 살다가 고난의 길을 걸었다.

고타마 싯다르타 또한 왕이 될 그 자리에서 내려와 중생들 속에 서 있었다.

그리고 머리를 깎아 그 시대의 사성계급이라는 부조리를 깨려 하셨다. 그런데 지금 이땅에서 승려는 어디에 서 있는가.

혹 산속으로 숨어 세상일에 물 안들고 살다가 바람처럼 한세상 지나가려 하는가.

한몸뚱아리 편안하고 고통없이 살려고 중이 되었는가.

누굴 위해 사는가.

미륵은 고통에 신음하는 중생들 속에서 권력자들의 탄압을 받으며 인간평등을 외치며 온다.

그게 선지자다.

지혜를 가진 앞선 자다.

참꽃

4

절 오르는 길옆에 참꽃이 피었다. 산모롱이 돌다 봄볕 받으며 허기져 있을때 한움큼 뜯어 먹었던 참꽃이 피었다.

올봄도 그렇게 왔다.

산 위에서 봄은 인제 오는지 매일 궁금해 하며 절 연못가 홍매화 피는 날을 기다렸더니, 절 아래에서 참꽃이 먼저 피어올라 온다.

봄이 산을 오른다.

봄날, 어느 누가 가슴 속에 박힌 슬픔 차마 말하지 못하고 참꽃 한다발 꺾어 불단 위에 올려 두었다.

청량사 단상

5

처음 대학에서 동양미술사를 배우던 때에 온양에 있는 민속박물관을 자주 찾아 갔었다. 지금은 오랜동안 가보지 못해서 어떻게 변했을까 궁금할 때가 있다.

또 승려가 되어 바랑을 메고 만행을 다니던 가을 산철이면 강릉에 있는 선교장을 몇년에 걸쳐 찾아갔던 때도 있었다.

선교장도 꽤 오랜동안 찾아가보질 못했다.

이번에 봉화에 있는 청량사를 다녀왔다.

아마도 이번에 청량사엘 간 것이 대여섯번째쯤 될 것같다.

청량사를 찾아가면서도 늘 산에 오르지못한 아쉬움을 가졌다.

그래서 반드시 청량산에 올라보리라 맘을 먹고 찾아갔다.

청량사를 가는 길은 늘 멀게만 느껴진다.

물론 지금이야 고속도로를 타고 남안동이나 서안동 톨게이트에서 나와 찾아가면 되지만, 오래전에는 그 길을 버스를 타고 갔었다.

대구에서 안동으로 가서, 안동에서 갈아타고 청량사로 가던 버스였을게다.

청량산은 입구에서 보면 중국 윈난성이나 사천성쯤에나 있을 법한 모습으로 보인다.

절 입구 주차장에 차를 두고 길을 오르면 숨이 턱턱 막힐듯 하다.

그렇게 오른 절은 산중턱에 겨우 붙어있는 것처럼 너른 마당 하나 없이 서있다.

다만 약사여래불을 모신 유리광전 앞에 마당처럼 우뚝 튀어나온 누대같은 바위 위에 서 있는 탑이 인상적이다.

저 탑을 배경으로 '워낭소리' 라는 영화가 촬영되었다.

산꼭대기에 올라 구름다리를 보고 한바퀴 둘러 김생굴 쪽으로 내려올 맘을 먹었다.

구름다리를 둘러보고 내려와서 응진전을 찾아갔다.

청량사에서 1킬로쯤 가야 응진전이 나오는데 절벽길이라서 그리 쉬운 길은 아니다.

이 청량사 응진전을 처음 찾아갔을 때와 지금은 조금 건전각들이 달라졌다는 생각이 든다.

내 기억이 정확한지 모르겠지만 삼십년전 쯤엔 분명 법당 옆 문도 있었던 것 같은데, 지금은 사라지고 없다.

또 요사채 건물도 위치가 바뀌어 예전에 밭이었던 자리에 요사채가 새로 지어져 있다.

난 아직도 바위밑 옛 요사채 자리에 서보면 참 좋다.

바위 밑에 네모 반듯한 터가 양옆까지 바위로 감싼 그 터가 묘하게 좋아 보인다.

청량사를 내려와 안동으로 내려오다가 문득 봉정사가 생각나 잠시라도 봉정사에 들러 극락전 건물을 다시 보겠다는 맘에 급히 찾아갔다.

이제 오래전 조용하고 한적한 봉정사는 다시 보기 힘들겠다는 생각이 들만큼 규모가 커져 있었다.

찾아오는 관광객들도 많아져서 절이 새로 지어지는 건물과 길, 그리고 포크레인 소리까지 합쳐져 정신이 없을 지경이었다.

봉정사 오른편 위쪽의 암자 영산암을 찾아갔다.

영산암은 오래전에 '달마가 동쪽으로 간 까닭은' 이라는 영화를 촬영한 봉정사의 부속 암자다.

원래 마당에 반송(부채모양으로 자라는 소나무)이 크게 있었고, 그 아래 물을 먹을수 있는 작은 수각이 있었는데, 그 수각은 사라지고 없었다.

이끼가 끼고 물이 졸졸 흐르던 그 수각은 이제 사라져 조금은 삭막해 보였다.

봉정사 대웅전 전면 누마루에 앉아 한적한 숲의 기운을 누리던 호사는 이제 더 이상 가능하지 않을듯 하다.

세계문화유산으로 지정되고 난 후, 절은 규모가 커져 관광객들이 많이 찾아온다.

그렇게 되면 절은 승려들의 교육공간이나 수행공간으로의 기능은 거의 잃어버리게 된다.

아쉬운 맘이 들었다.

단상. 1

6

인터넷을 보다가 불교영화 리뷰를 보았다. '구르는 수레바퀴'란 영화다.

불교영화라고 만들어지는 영화 가운데 잘 만들어진것 같다.

현실과 이상과의 괴리에서 늘 고민하는 승려의 모습이 잘 조명된 것 같다. 승려 각각의 모습을 네 명의 상좌 스님들을 통해 표현했을텐데 그리 낯설지 않다.

내가 가는 길 또한 그 각각의 군상의 모습에서 멀지 않다고 생각되기에 그런것 같다. 다만 그렇다고 몸뚱아리를 가지고 현생을 살아가는 동안 현실 고민을 하지 않는다는건 어불성설이다.

태어나면서 성자처럼 살아갈수도 없고, 인간으로 살아가면서 병 하나 가지지 않고 살아가기란 불가능하다고 본다.

내 근본 욕심을 얼마나 다스리고 절제하고 삭히고 살아가는가가 중요하다고 본다.

또 항상 화두를 놓지 말아야 하는것도.

요즘 매독이라는 성병이 일본에서 많이 퍼지고 있다고 뉴스에 나오더니 이제는 한국에서도 환자가 많이 증가했다고 뉴스에 보도된다.

성적 욕망의 병이다.

남미의 라마에게서 옮겨왔을거라는 매독이라는 병이 매화문양의 피부 발진 때문에 이름 붙여졌다는 이야기를 들었다.

"다경"이라는 중국의 차문화에 관한 책을 보기 시작했는데, 중국 선종의 발전과 차문화가 같이 어우려져 발전해왔다는 생각을 하게 되었다.

봄, 매화꽃이 핀다는 소식이 들려온다.

꽃샘추위와 함께 온 밤새 내린 눈에 찍힌 발자국 때문에, 절마당 옆 연못 물고기들을 잡아먹은 것이 수달이란 놈인 것도, 그 수달이 어느 쪽에서 와서 어느 쪽으로 갔는지도 알게 되었다.

삶은 늘 아프고, 봄은 늘 해마다 온다.

7

산을 오르다가 문득 내 몸이 예전 젊은 시절의 몸같지 않다는 것을 느낍니다.

그리고 벌써 옛 사람이면 일생을 마칠 시간만큼의 삶을 살아버렸다는 것도 알아차립니다.

잘 살아왔는지, 살아가면서 어떠한 일에 마주할 때마다 최선의 선택을 하며 살아왔는지 다시 되돌아봅니다.

그 선택의 기준이 혹 내 몸뚱아리 하나만을 행복하게 하는 선택은 하지 않으며 살아왔다고 스스로 위안삼습니다.

누군가를 만나는 인연을 맺고 그 인연 맺음에서 그저 내 이익만을 위한 선택이나 삶은 아니었으면 좋겠습니다.

또 새로운 봄이 왔습니다.

요사채 건물 뒤 음지 언덕에서 겨우내 추운 바람을 맞으면서도 가장 먼저 봄소식을 알려주는 저 복수초는 작은 몸짓으로도 다른 이들에게 환한 웃음을 줍니다.

내 마음을 본다는 것

8

　　　　　　　내 마음을 본다는 것. 그리고 십
우도처럼 그렇게 찾아헤매다가 결국 환지본처한다는 것.
　그러니 무엇을 하려는 것 마저 중생심이라고 한다면, 그냥 애
초에 무언가를 찾아나설 이유도 사라지고, 이 놈의 불교를 왜 해
야 하냐는 벽에 부딪히고 만다.
　무언가를 하지 말라는게 아니라, 스스로 세상의 빛이 되라는
것임을 왜 아무것도 하지 말라는 것이라 말하는가.
　법당에 촛불은 무엇 때문에 밝히며, 초파일 연등은 도대체 왜
달며, 석등은 왜 굳이 밝히려는가.
　내가 무언가가 되려는게 아니다.
　그저 스스로 생명으로 주어졌으니 그 생명이 다할때까지 중
생의 길잡이가 되고, 눈밭의 먼저 간 발자국으로나마 뒷사람에
게 길을 알려줄 수 있음이 족함이다.
　조계산의 바람이 그저 옹달샘의 물고기라 말하지 말라.
　조계의 바람은 언 땅위에 움을 틔우는 따뜻한 기운인 것을.

9

나를 잃어버린다는 것. 치매환자에 대한 오래된 기억이 있다. 현재부터 점점 더 과거로 잃어가는 기억은, 잃어가는것 뿐만 아니라 현재의 내 행동도 기억하지 못하는 것일게다.

하지만 인간으로서의 근본적인 욕망만 남거나 어릴적 기억만 남아서 나라는 존재를 그 과거의 나로 인식하는지도 모르겠다.

불교공부를 하다보면 나를 객관화 시켜서 돌아보는 일을 배우게 된다.

'나'라는 주관적인 관점에서 바깥을 향해 보려 하지 말고 객관화 시켜보고, 내가 현재 어떤 상태인지를 안으로 보라는 말을 듣게 된다.

내가 지금 숨쉬고 있는 것 하나, 내가 지금 화가 나 있는 감정, 그 감정은 왜 화가 나는지, 무엇 때문에 화가 나는지, 혹은 내가 걷는 모습, 나도 인식하지 못하던 무의식적으로 나오던 습관까지도 다시 잘 살펴보라 한다.

그게 수행이다.

행을 닦는다는 것은 밖을 향해 소리치는게 아니라 나를 뒤돌아보는 것이다.

건강을 잘 지키고 감정을 너무 극단적으로 소비하지 않는 일도 수행이다.

나도 당뇨라는 병을 얻음으로써 내 스스로 국수나 떡, 혹은 탄수화물 위주의 과식이나 편향된 식습관, 운동부족이 있었음을 뒤늦게 알아차렸다.

다행인것은 그것을 이제라도 알았다는 것, 그리고 그것을 스스로 고쳐가며 살아간다는 것, 그것만으로도 다행이라 믿는다.

사족 하나.

승려가 머리를 밀고 산다는 것은 계급을 없앤다는 것입니다.

브라만교의 사성계급을 거부하고 인간의 병등성을 지향하는 행위입니다.

현 시대로 말하면 정치적 평등을 주장하는 행위입니다.

불교에서 계율상으로 승려는 국가의 신하가 되어 국가의 녹을 받지 말라고 하였습니다.

왕의 뜻과 종교의 가르침이 충돌하는 것을 막기 위함이라 생각됩니다.

아래 사진은 무등산과 규봉암 풍경입니다.

무등은 평등을 이야기합니다.

자등명 법등명

10

세상의 일에 승려는 어떻게 행함이 마땅한가. 법당에 앉아 고개를 들어 불보살상을 올려보다가 이 몸뚱아리는 왜 저 목불상에 열심히 절하고 있는가 하고 돌아볼때가 있다.

이미 단하 선사라는 분이 법당의 목불을 아궁이에 불쏘시게로 쓰고 사리를 찾는다고 막대기로 휘적거리던 일화가 있다.

목불은 그 자체로 목불 일 수 밖에 없다.

거기에 부처님의 법신이 깃들어 있는것이 아니다.

부처님의 법이라는 진리를 깨닫고 그걸 행하면 그 스스로 부처의 행이 되는 것이며, 천강유수천강월의 그 달빛이 되는 것이다.

세상을 살아감에 스스로 부처님의 법을 등불로 삼아 살아가라는 석가모니 부처님의 마지막 가르침, 즉 자등명 법등명을 새겨 살면 그뿐이다.

중생들에게 두려움을 없애줄 시무외인을 드러내 보일 수 있는 마애불이 되었으면 좋겠다.

중생들의 고통을 사라지게 할 지혜를 가진 대세지가 되었으면 좋겠다.

관음 세지보살이 되어 홍련과 청련을 들고서 중생들에게 괴로움을 삭혀 주었으면 좋겠다.

어찌 몸뚱아리 있음에 고통이 없으랴.

느끼는 고통도 쾌락도 다 내가 살아있다는 증표이니 내 몸의 고통을 피하거나 쾌락을 얻는 일에 힘쓰기 보다 나도 좋고 당신도 좋을 행을 하며 살아가길 빌어봅니다.

그 행이 세상의 빛이 되기를.

단상. 4

11

　　　　　　　　한겨울 거리에 서서 차가운 바람
에도 빛을 밝히는 젊은 미래들을 본다.

　오랫동안 잊고 지내던 풍경들이 한밤중에 갑작스럽게 일어난
것에 할 말을 잊었다.

　"미쳤군" 그 말 외에 달리 다른 말이 떠오르지 않았디.

　대학을 다니던 그 시절, 학생회관 2층 작은 사무실에 빼곡히
모여 5·18 광주의 이야기, 위르겐 힌츠페터라는 독일기자가 찍
었다는 그 영상을 보았다.

　그리고 20대 대학시절을 최루탄이 가득한 그 거리를 뛰어다
녔다.

　그렇게 싸워야만 했다.

　작은 전단지 하나 거리에서 뿌리다가 잡혀 특경의 군화발에
얼굴이 채이던 여학생을 보면서 울분을 참을수 없었다.

　그리고 거의 20여년 가까이 되어서야 그 12.12 내란의 주범들

(그들이 5·18의 주범들이기도 하다)을 처벌할 수 있었다.

그 내란이 지나고 다시 40년이 넘는 시간이 흐른 이 시대에 군인들이 시민들을 향해 총을 겨누는 풍경을 다시 본다는게 슬픔이다.

그러나 1980년대의 젊은이들과 2020년대의 젊은이들의 모습은 너무도 달랐다.

우리 세대가 화염병을 들고 싸워야 했다면 그들은 그 싸움마저 축제처럼 만들었고, 폭력을 춤과 노래로 승화시켰다.

난 부럽다.

폭력으로 권력을 찬탈하려는 사람들이 다행히 망령난 노인들로 남아 있다는 것이, 난 부럽다.

그 폭력을 노래와 춤, 응원으로도 물리칠 수 있는 사람들이 젊은이들이라는게.

이제 억압하고 폭력으로 군림하려는 저들의 마지막 발악을 깨끗하게 청소했으면 좋겠다.

연못, 인연

12

사람을 만나고 그 속에서 어떤 일을 타협하고, 결정하고 행한다는 것들이 내 한 몸뚱이 이익이나 쾌락만을 위한 것이라면 나는 아직 부처님의 가르침을 따르지 못하는 중생이다.

오탁악세의 세상이라고 느껴지는 때를 만나면 아무런 말없이 바랑을 메고 세상과 단절함이 옳은가.

아니면 오탁악세를 청정무구의 세계로 변화시키려 하는게 옳은가.

그저….

그 세상이 흘러가기를 바란다면 또 나는 세상에 무엇 때문에 존재하는가.

또 가을이 왔고 마당 한 켠의 연못에 밤새 무엇인가가 찾아와 물고기들을 다 잡아먹고 가버렸다.

심지어 연못 한쪽 바위 위에 자신의 흔적을 남기려 했는지 여기저기 똥까지 싸놓았다.

연못 물은 얼마나 밤새 뒤집어 놓았는지 황토흙물이 되어 있었다.

그 물을 물고기가 맑게 하려 한다고 해서 맑아지는게 아니란 것을 안다.

연못을 헤집어놓은 오소리와 잉어가 싸운다고 잉어가 이길리도 없다.

바위틈으로 숨는 선택 외에 달리 없는 잉어는 그렇게 죽었다.

"그저 자연의 일일 뿐이로다"라고 한탄만 하고 있는 것이 옳은가.

요즘 돌아가는 세상이 승속간에 그리 차이가 없는 듯하다.

승복을 입고 속인의 삶으로 살아가고 있는 이들에게 불교는 자신의 욕심을 채우는 도구일 뿐이었구나.

오늘도 호접란에 새 꽃순이 나오는지 바라보고만 있다.

자유의 바다를 걷고 싶다

13

저녁 여섯시가 얼마 남지 않은 시간에 전화가 왔다. 어제 병원에 가서 혈액검사를 했는데, 그 결과를 알려주려는 전화다.

여름 내내 날이 덥다는 핑계로 운동을 하지 않고 게으름을 핀 결과가 고스란히 당화혈색소를 오르게 했다.

어제 타온 약이 부족하다고 한다. 더 받아가란다.

어제 병원에 가서 진료대기를 하면서 있었던 일이 생각났다.

늘 병원은 나이드신 환자분들로 넘쳐났고, 늘 한시간은 족히 기다려야만 의사를 만날수 있었다. 항상 그랬다. 한시간만에 진료를 받을수 있는 날은 오히려 운좋은 날인지도 모른다.

병원 진료를 기다리는 사람들로 북적이는 다섯평이나 될까 싶은 대기실 의자에 앉아 무심히 휴대폰 인터넷 신문기사를 읽고 있었다. 한쪽 벽에는 정치색이 가득한 뉴스를 내보내는 텔레비전이있었다. 조금 젊은 사람들은 보통 휴대폰을 보고 있는 편이고, 연세가 지긋하신 시골 노인분들은 텔레비젼에 나오는 뉴스를 보는 편이다.

사오십분쯤 기다리고 있는 동안 대기실의 사람들이 줄어들고 있었다. 등 뒤쪽에서 칠십살쯤 되어 보이는 노인 한 분이 텔레비젼을 보며 야당 비난을 한다. 좌파가 어떻고, 대통령이 일 좀 하게 내비두라거나, 지 놈은 그동안 뭘 했느냐는 둥….

십여분을 듣고 있어도 멈출 줄을 모른다.

혼자 뭐가 그리 화나는지, 아니면 그곳에 있는 동안 모두 내 말을 다 들으라는 식으로 큰소리로 역정을 낸다.

내가 몸을 뒤돌아 보며 한마디 했다.

병원에 와서까지 정치이야기 좀 하지 말라고, 좀 조용히 하자고. 내 순서가 되어 진료를 받고 나와보니 시끄럽게 떠들던 노인은 보이지 않았다.

오늘은 하루종일 한강이라는 소설가의 노벨문학상 소식으로 떠들썩하다.

모두 상을 받은 것에 축하를 보내주면 좋을텐데….

각양각색이라서 그런지 아니면 질투심이나 시기심인지 역사왜곡이니 뭐니 하며 노벨문학상을 선정하는데 선풍기로 바람에 날려 상을 줬느니 뭐니 하면서 비난하는 이도 있다.

경상도에 살다보면 유난히 더 보수적인건지, 수구적인건지, 감정적인건지, 자신의 정치적 주장을 타인들에게 주입시키려 떠드는 사람들을 다른 지역보다 더 자주 본다.

내가 듣기엔 솔직히 합리적이지도, 생각이 깊지도, 인간애가 깊은 이도 아닌데 정치는 자신이 제일 잘 아는 듯이 떠들어대는 무식쟁이가 더 큰 소리를 낸다.

거기에 자신의 고집을 꺾을 생각도 하지 않는다. 선동에 가까운 뉴스를 보면서 그 뉴스의 이면을 살필 여유조차 없다.

차를 타고 완도에서 강진과 장흥을 지나오면서 '여기 어딘가에 저 한강의 아버지, 한승원이라는 소설가가 살고 있겠구나' 하는 생각을 했다.

또 『즐거운 사라』로 비난 받으면서 떠난 마광수 교수가 한강을 감성이 섬세하고 풍부하다고 칭찬했다는 이야기를 들었다.

문화예술계 블랙리스트 사건은 이명박때 한번, 박근혜때 한번, 그렇게 두번 있었다.

자신들과 바라보는 시선이 다르다 해서 좌파로 내몰고 문화예술지원을 끊고, 활동을 하지 못하도록 했던 그때, 저 노벨상을 탄 소설가도 그 명단에 있었다. 그래서 우리의 한류가 발전했는가. 아니다. 그때 오히려 한류가 주춤했다.

문화예술가들을 정치적 잣대로 네편, 내편을 구분짓고 탄압하는 그들이 나라를 파괴하는 자들이다.

글을 쓰거나 노래를 하거나 춤을 추거나, 영화를 만들거나, 그림을 그리는 사람들에게 정치적 잣대를 들이대지 말아라.

그들이 자유로울때 예술이 풍성해진다.

문화를 발전시키는 이들은 철학적 사상적 자유를 가져야 한다.

나는 오늘도 뱅크시가 우리에게도 있었으면 좋겠다.

홍성담도 뱅크시도 모두 저들의 눈에는 빨갱이고 좌파일 뿐이다. 아직 걸어갈 길이 멀다.

14

절집에 살다보면 가끔 괴각이라는 말을 듣는 스님이 있게 마련이다.

조금은 특이하다 싶을 행동이거나 별난 행동으로 대중스님들의 눈에 띄는 경우가 있다.

그러나 그 행동을 조금 깊이 들여다보면 존경스러울 때도 있다.

아마도 내가 그 행동을 이해하지 못하여 괴각이라 치부한건 아닌지 싶을때도 있다.

원효스님이 시장에 나가 무애춤을 추었다는 그 행동도 그때는 괴각이라 불렸을 것이다.

내가 승가에 들어와 살면서 조금은 특별했던 이가 휘문스님이었다.

통도사에 살면서 주지스님이 아침예불에 나오지 않는다고 지관스님 앞에서 대놓고 뭐라하시던 스님.

봉암사에 살면서 결가부좌가 잘 되지 않는다고 보름동안이나 다리를 결가부좌자세로 묶어버리던 스님.

　늘 당당해서 눈치를 보지 않고 거침이 없던 스님.

　어른스님께 찾아가 어른스님의 승복을 입고 가서는 누군가에게 쥐버리는… 내게는 그렇게 어른스님에게서 갈취하듯 가져온 보이차를 주고 가버리시던, 그 스님이 마지막 조계암에서 삶을 버렸다고 했을때, 어른스님에게도 경책의 일갈을 날리던 그런 스님들이 이제 조계종에 남아 있을까 하는 생각이 들었다.

　아무것 하나 없어도 늘 당당할 수 있는 것은 승려가 물욕이나 명예욕 같은 내 자신의 욕심에서 자유롭기에 가능하다고 믿는다.

　이제 그런 스님들이 승가에 살아갈 수 있는 자리는 얼마나 있을까.

　날이 차가와지면서 연못의 물이 맑아지더라.

인연

15

승려생활을 하면서 좋은 분들을
만났다. 처음 활산 성수스님을 만났고, 봉암사에서 적명스님을
만났고, 아잔브람과의 만남을 직접 보았다.

또 휘문스님을 만났고, 혜남스님을 만났다.

그외에도 여러 스님들을 만나고 그분들에게서 무언가를 배우
려 했다.

처음 출가하여 사미계를 받고 찾아간 곳이 문경 김룡사 화장
암이었다.

불휴당 스님.

출가하기 전부터 어떤 인연으로 알게 된 스님이었다. 어떻게
사는게 좋을까요? 라고 여쭈어 보았다. 그저 잘나게 돋보이지
도, 대중에게서 뒤처져 살지도 말고, 중간쯤에 살라고 하신 말
씀을 기억한다. 그때 스님께서 생식중이어서 날보고 김룡사에 내
려가서 공양을 하라 하셨는데, 내려오는 길에 싸락눈이 내리면

서 컴컴해졌다.

김룡사를 그냥 지나쳐 내려와 절입구에 있던 민가에서 공양을 얻어 먹었다. 밥 한그릇과 생미나리에 된장찌게였다. 그리고 나를 점촌의 버스터미날에 데려다 주셨다. 그날의 기억을 잊지 않고 산다. 살아가면서 길을 잃고 방황할때면 그때를 다시 떠올린다. 인연은 묘하다. 이어지고 이어지고, 내 스스로의 성질이 괄괄하고 불의나 옳지 못한것에 눈감지 못하고 달려들던 탓에 강원생활을 하던 사미시절에 주지 스님을 찾아가 따지던 일도 두어 번 있었다.

대학을 졸업하고 절에 가서 단청일을 배우며 그 욱하는 기질을 죽이려 기도를 했었다.

그때 늘 입으로 외우던 글귀가 있다.

"성조심급 일사불성. 심화기평 백복자집"

"성질과 마음이 조급하면 한가지 일도 제대로 이루어지지 않으며, 마음과 기가 평온하면 백가지 복이 스스로 모인다." 라는 뜻이다.

삼년쯤 그렇게 마음을 가라앉히려 했나보다.

속가집에서 만난 여동생이 날보고 "다른 사람이 온 것 같다" 라고했다.

그럼에도 출가해서 그 욱하는 성질은 쉽게 버려지지 않았다.

그래서 휘문스님이 내게 잘 대해 주었는지도 모르겠다.

승려에게 방장이든 주지든, 무슨 자리든 그 자리가 내 명예욕을 위해서거나 내 이익되는 결정을 하는 자리가 아니라 대중에게 봉사하는 자리라는 것을 다시 다짐해본다.

단청에 대한 생각

16

살면서 가끔 어이없는 일을 겪을 때가 있다. 대학을 졸업하고 인연따라 단청을 배우던 때가 생각난다.

『빛깔있는 책들』 중에 '단청'이란 책이 있었는데 그 책 내용 중 사진속에 나오던 분들과 단청을 하게 되었다. 그분들 중에 1960년대 초반 남대문 단청을 하실때 겪었던 일들에 대해 많은 이야기를 들을수 있었다.

승려들이 하던 단청을 왜 세속의 사람들이 하게 되었는지 생생하게 듣고 접할 수 있었다. 조선시대 절집을 짓는 사람들은 승려들이었다. 단청을 하던 사람들도 승려들이었다.

그렇게 세상 속의 또 다른 세상을 일구며 살아가던 승려들의 삶이 있었다.

절집에 단청을 하고 탱화(불화)를 조성하고, 또 절을 가꾸는 일을 하는것은 오로지 승려들의 몫이었다.

자급자족을 해야 하는 산속 승려들의 삶은 당연스럽게 고되었을 것이다. 그래서 '일일부작 일일불식'이라는 말이 참선을 한다는 선방에서 나왔다.

선농일치를 하던 시대였다.

그 승려들의 승복은 잿빛 먹물로 물들이고 살았으나 그들이 모시던 절집은 단청을 해서 꾸몄다. 엄혹한 유교사회에서조차.

절집은 예외여서 화려하게 꾸밀수 있었다.

승려들이 만들고자 했던 극락세계를 그 절집에 구현하려 했다.

조선시대에는 정승집 조차도 아흔아홉 칸을 넘어설 수 없었지만 절집은 그것을 뛰어 넘었고, 일반인들의 집에서는 단청을 할 수조차 없었지만 절집과 관아건축만 오롯이 단청을 했다.

단청은 붉은색과 푸른색으로 대비되는 극화려한 문양들을 건축물에 꾸민 것이다.

거기에는 꽃그림도 들어가고, 새도 들어가고 갖가지 상상속의 동물들이나 꽃들이 들어간다.

거기엔 현실에 없는 만다라화를 넣을수 있었다.

부처님이 계시는 세계는 극락세계로 보고 그렇게 꾸미려 애쓴 흔적들이다.

절집에서 단청을 하는 첫번째 목적은 목재를 비바람이나 새나 혹은 곤충들로부터 보호하기 위함이었다.

그 다음에 종교적 이상을 현실에 구현하고자 하는 표현들이 그 건축물에 스며있는 것이다.

그러니 건물도 더 화려하게 꾸미려 굳이 5포, 7포, 9포하는 주심포니 다포니 하면서 포작을 만들어 넣은 것이다.

그런데 현대에 와서 어느날부터인가 소박한 절집이 세속사람들에 의해 찬양받기 시작한다.

소박하다는 것은 승려의 밥상이 소박해야 하고, 승려의 삶이 소박할 수 밖에 없었다.

그리고 이제 그 화려한 단청들마저 욕을 먹기 시작한다.

소박함을 원하거든 그냥 그렇게 커다란 법당을 지을 필요도 없고, 단청을 할 필요도 없다.

그저 작은 집에 작은 불상 하나 모셔두고 살면 그뿐이다.

아니 그 불상마저도 치우고 텅빈 방안에 앉아 참선만 하면소박하다 하겠는가.

서양의 종교 건축물은 다른가? 그렇지 않다.

그러니 우리도 저 피렌체성당을 구경하려 가지 않는가.

그 유럽의 많은 성당 건축물들 안에 그려진 성화(성스러운 그림,천장화나 벽화)들을 보러 가지 않는가.

오늘 나는 어이없는 말을 들었다.

거의 완성되어가던 벽화를 지우라 한다.

화려하다는 이유로.

늘 세상은 부조리하다.

뱅크시의 그림이 불법이면서, 비싼 가치를 지녔다는 이유로 합법이 되어버렸다.

도없는 깡통이 리더를 하는 시대에 중생은 고통스럽다.

영조법식이라는 중국 송나라 시대에 만들어진 책이 있다.

건축물을 짓는 방법과 꾸미는 방법들을 기록해 놓은 책이다.

오늘 그 책을 다시 뒤적거려 본다.

물욕과 자유

17

　　　　　　　　인터넷을 하다보면 가끔 사찰 소
유권 싸움에 관한 글이나 영상을 보게 되는 경우가 있다.
　나도 승려로 살면서 본사에서 소임을 살고, 지금은 산속 작은
말사의 주지소임을 맡고 살다보니 가끔 사찰 소유권 분쟁에 대
해 잘못알고 있는 정보들이 흘러 다니는 경우가 많아 누군가 제
대로 알려주었으면 좋겠다고 생각할 때가 있다.
　어떤 때에는 승려가 무소유니 뭐니 하면서 왜 재산욕심에 세
속의 사람들과 재판을 하면서 싸우니 마니 하는 소리 듣기도 하
고, 어떤 때에는 사찰의 상속을 왜 조계종이 빼앗아 가려 하느
냐고 뭐라 하는 사람도 있는 것을 본다.
　보통 각 도마다 교구본사가 각자의 관할구역을 가지고 한두
군데가 있기 마련인데 서울은 조계사경기북부는 봉선사 경기
남부는 수원 용주사,강원북부지역은 설악산, 신흥사 강원남부
지역은 오대산, 월정사 충북은 속리산 법주사 충남은 수덕사와

마곡사……이런식으로 각 관할구역을 관리하는 본사들이 있다.

경남 지역은 해인사와 양산 통도사, 하동 쌍계사와 부산 범어사가 지역을 분할 관리하는 편이다.

보통 사찰의 재산분쟁은 세속의 승려 후손이나 친족에 의해 조계종단과 법정다툼을 벌이게 되는 경우가 있는데 사실 그런 재산분쟁을 누가 좋아할까.

그 소임을 맡은 이도 일이 주어지니 규정대로 할 뿐이지 자신의 소유가 되는 것도 아닌데, 다만 소임을 맡아 일을 진행할 뿐이다. 보통은 어떤 스님이 돌아가시기 전에 미리 조계종단에 사찰을 기부하겠다는 의사를 밝히는 것부터 시작된다.

보통 승려들은 자신도 속가 부모로부터 상속에 의해 재산을 물려받는 일이 있다.

하지만 조계종단 승려들은 10년에 한번씩 자신이 임종할 경우 자신에게 속했던 모든 재산을 조계종으로 귀속되도록 유언장을 작성한다.

승려로 살면서 만들어진 재산을 상속법을 들이밀면서 형제나 조카같은 이들이 돌아가신 승려의 재산을 탐하기 때문이다.

그 일(보통 법정분쟁)을 진행해서 이긴다한들 그 소임을 맡은 승려가 그 재산을 차지하는게 아니다.

그냥 종단이라는 재단으로 귀속되는 것이다.

일제식민지시대에 이 땅에 살던 승려들이 일본식 강제결혼을 강요받았던 때가 있었다.

그래서 대처승이 생겨났다.

그 대처승이 자신의 아들이나 딸을 조계종에 출가하도록 권유하여 사찰도 물려주는 경우가 있다.

그리고 그 사찰을 조계종단에 등록을 한다.

이 조계종단에 사찰을 등록한다는 것은 조계종에 사찰을 귀속시킨다는 전제가 깔려있다.

그렇지 않으면 일반인이 사찰을 하나 사서 승려를 월급을 주고 채용하여 조계종 간판을 달고 절집 장사를 하는 이가 생겨난다.

처음 종단에 들어와 초발심자경문을 배우던 행자시절부터선방의 수좌스님들을 운수납자라 불렀다.

어떤 물건이든 절집이든 객승이 되어 어느 절에 가서 묵어가게 되었을때 삼일이상을 머무르지 않는다는 철칙들이 있었다.

그 절에 집착을 해서 떠나지 못하고 머물게 되면 이미 운수납자라 할수 없지 않겠는가.

어쩌다 주지 소임을 살게되어 4년이라는 시간을 보장받고 살다가 내 스스로 내가 머물던 자리에 집착이 생길까 두려워홀쩍 떠나야 할 맘을 늘 가지고 산다.

이곳에 와서 산지도 7년이 지났다.

세월은 너무도 빨리 가는데 내 공부는 얼마나 되고 있는지 다시 돌이켜 본다.

정말 자유로와졌는가.

물같이 바람같이 정말 자유로와졌는가.

물욕으로부터.

상사화 핀 날에

18

무더운 여름이 가려나 봅니다. 새벽이면 나도 모르게 이불을 당겨 덮습니다. 하안거 결제가 끝나고 벌써 열흘이나 지났는데 아직 여름 햇볕이 마당에 남아 있습니다.

절을 오르내리다가 요맘때 쯤이면 산속 그늘진 곳에서 노랗게 피어나는 상사화를 보게됩니다.

저 꽃은 여름의 뜨거운 햇볕을 피해 가을이 오는 것을 알려주고 사그라듭니다.

상사화가 핀 수풀 근처에서 우뚝 서있는 은행나무에 달린 열매도 조금씩 노래집니다.

산길을 따라 주변 숲속에서 산초나무 열매가 점점 제모양을 갖추어 갑니다.

내가 알고 있는 것들이 애초에 있었던 것이 아니라 그저 구름처럼 생겨나고, 다시 꿈처럼 사라지는 것이라는 것을 알아차린

후에야 저 상사화라는 꽃도 그저 인간이 정해버린 것이라는, 그
러니 저 꽃을 보고 슬퍼할 것도, 안타까와할 것도 없음을 깨닫
고 산사로 향하는 오르막길을 걸어갑니다.

　절 마당에 서서 하늘을 봅니다.

　하늘이 높아 보이네요.

19

매미가 울다가 지쳐서 처마밑 서까래에 앉아 울음을 그쳤습니다. 그렇게 한마리의 매미는 자신의 삶을 마쳤습니다. 여름내내 울던 그 매미들은 그저 자신의 짝을 찾으려 소리지르다가 그렇게 한 생을 그쳤습니다.

저 매미의 삶과 사람의 일생이 다른건 그저 종족빈식을 위한 근본적인 욕구만을 쫓다가 살았는지, 그렇지 않은지 입니다.

매번 유명 브랜드 옷을 입고 금은보화를 몸에 두르고 진수성찬을 먹고 살며 성적 쾌락을 누려도 그 삶이 존경받거나 행복에 가득할 것이라고 착각하지 않았으면 좋겠습니다.

그럼에도 사람들은 끝없이 그 근본적인 욕구를 향해 불나방처럼 달려듭니다.

어느날 문득 잠에서 깨어나 하루를 시작하면서 인간의 일생도 이 하루와 별다를 바가 없음을 깨달았습니다.

그것이 한 사람의 일생인 80년이든, 하루든 그저 다시 새로운 삶을 시작하는 것뿐입니다.

그 하루하루 지금 내가 서있는 이 자리에서 그저 최선을 다해 살아갈 뿐입니다.

세상 사람들에게 1980년대 어느날 우리의 모습처럼 미래에 대한 인간의 희망적인 모습들을 현재의 우리는 가지고 있지 않습니다.

오늘을 사는 우리는 2060년의 미래가 희망적일 거라고 말하지 못하며 살아갑니다. 지금보다 미래에 더 좋아질거라고 말하지 못하고 있습니다.

왜일까요?

물질이 발달하고 AI가 인간의 일을 대신 해준다 해서 인간이 행복할까요.

우리는 스스로 어쩌면 더 편하게, 더 즐겁게, 더 쾌락을 구하려 살아가지만 대부분은 늘 부족하고, 쾌락이 넘쳐흐르면 지옥이 된다는 것을 깨닫지 못하며 살아가고 있습니다.

행복감을 느낀다는 도파민은 샘처럼 무한정 솟아나는 것이 아님을, 음식을 끊임없이 먹어치운다고 행복감이 끊임없이 나오지 않으며, 내것이라는 물건들을 아무리 내 눈앞에 쌓아놓아도 내 몸뚱아리 하나 만족시키지 못함을 우리는 스스로 깨달아야 할겁니다.

오늘 하루도 새로운 인생이 되길 바랍니다.

단상. 6

20

방문을 열고 밖을 나가니 뜨거운 공기가 몸속에 훅하고 들어온다. 이 더운 날에도 몸집 작은 토종벌들은 부지런히 움직인다. 저 작은 벌보다 못한 내 게으름을 애써 더위 탓이라 핑계를 댄다.

방안에만 앉아있기가 민망하여, 파리채를 들고 토종벌이 사는 산신각 처마밑에 앉아 말벌이 오기를 기다린다.

말벌도 내가 기다리는 것을 안다.

그러니 저 맞배지붕 풍판 위쪽으로만 날아댕기지.

그래도 이 산중 암자는 저 밑동네에 비하면 많이 시원한 편이다.

저 아랫동네 길가의 가로수로 심은 백일홍은 꽃이 핀 지가 한 달이 넘게 지났는데 절 마당에 심은 백일홍은 이제야 꽃을 피우기 시작한다.

소나기가 오지 않아 암자로 오르는 길이 조금 말랐다.

길바닥이 바짝 마르기를 기다리다가는 언제 길청소를 하게 될지 몰라 송풍기를 메고 지저분한 낙엽들을 치운다.

　돌아오는 길에 대나무 숲아래 겨우 피어난 상사화 꽃이 가을
이 올거라고 알려주는듯 하다.

여름, 무릉계곡을 다녀오며

21

          장마가 길다고 느낄때 쯤, 아무렇지도 않은듯 맑아지고 장마는 그렇게 가버립니다.

조금만 움직여도 땀이 줄줄 흐르는 더위에 새벽에 두어시간 예초기를 메고 풀을 베었더니 온몸이 비를 흠뻑 맞은 것처럼 젖어버렸습니다.

장화 속으로 땀이 흘러내려 질꺽거립니다.

몇일전 강원도 동해에 있는 무릉계곡을 다시 다녀왔습니다.

처음 갔을때 보지 못했던 풍경들이 새로이 보입니다.

용추폭포까지만 갔다가 돌아온 것이 아쉬워서 이번에는 베틀바위쪽을 가보기로 맘을 먹고 떠난 길이었습니다.

산을 자주 오를수록 숨도 덜 차고 걸음도 가벼워질텐데 장마기간동안 산을 오르지 못해서인지 몸이 무겁게 느껴지고 자주 쉬게 됩니다.

베틀바위 아래 서서 바라보는 풍경은 정말 무릉도원 같습니다.

계곡을 품은 두타산과 청옥산을 '언제 따로 시간을 내서 걸었으면 좋겠구나' 생각해봅니다.

산에서 내려와 몸을 씻으려 목욕탕이나 사우나를 찾으니 코로나 이후에 사라진 곳들이 많은가 봅니다.

겨우 찾아서 간 사우나도 손님이 거의 없습니다.

코로나 환자가 다시 많아진다고 합니다.

많은 사람들이 모이는 시설들은 조금씩 사라지는것 같습니다. 돌아온 절에는 풀이 자랐습니다. 얼마 남지 않은 처서를 기다립니다. 하늘은 벌써 가을같은데 땅에는 더운 열기가 한증막 같습니다.

22

장마가 길어지면서 흐리고 비오는 날들 뿐이어서 쨍한 햇볕을 보기가 힘들었다.

장마전선이 서울 경기지역으로 올라갔다는 소식과 함께 푸른 하늘을 보았다.

날이 더워지는 여름이 되면 수련이 연못에 가득했는데 올 여름의 장마기간 동안 수련 이파리마저 다 사라져 버렸다.

아침이 되면 연못에 수련 이파리가 쑥쑥 줄어들었다.

마지막 겨우 몇 송이의 연꽃마저 다 사라지고 말았다.

연못을 만들고 비단잉어 새끼들을 사다가 키웠었는데 늦가을 밤이 되면 그 연못에 몰래 숨어들어 다 잡아먹고 사라지는 수달 때문에 몇년을 속상해 하다가 수련이나 키워 꽃이나 보자 했더니, 올해는 그 비가 내리는 밤에 고라니가 와서 수련이 파리들을 다 뜯어먹고 가버렸다.

속상한 마음보다 조금은 어이가 없었다.

다른 풀들도 많은데 그 연못에 들어가서 수련 이파리들을 뜯어먹을 만큼 그렇게 고라니 입맛에 맞았던 모양이다.

연못 주변을 전부 울타리라도 쳐야 괜찮아지려나.

절 앞으로 펼쳐진 산자락을 타고 오르는 변화무쌍한 구름에 감탄을 하며 올해엔 수련꽃을 볼 인연이 아닌가 하고 스스로 위로한다.

산을 타고 오르는 구름이 곱다.

저 구름속으로 도망가버린 밉상인 고라니를 감싸안아 숨기고 산등을 오르는 저 구름이 곱다.

내변산 월명암

23

　　　　　　　군산에서 새만금 방조제를 따라
고군산군도 가운데 무녀도와 선유도를 둘러보고, 다시 방조제
를 건너 변산반도 해안쪽으로 난 도로를 따라 내소사를 보고 시
가이 남으면 선운사 쪽으로 달렸다.

　그렇게 차를 달리며 격포에 들러 채석강과 적벽을 들러 바다
를 보고 서른즈음 젊은 시절의 기억을 떠올리곤 했다. 그렇게
늘 변산은 외변산을 둘러보며 다녔다. 딱 한 군데 내변산에 있
는 개암사를 두어번 갔던 기억이 있다.

　처음 갔던 개암사는 비포장도로를 따라 한참 들어가서 법당
만 덩그러니 있던 그런 절이었던 걸로 기억한다. 그 절이 많이
커진 후에 딱 한번 가보고 그 후론 더 가보지 못했다. 오늘 다시
찾아간 격포에서는 채석강이나 적벽강보다 수성당을 먼저 찾아
갔다. 수성당 자체로 보자면, 볼것 없는 나무로 지은 굿당이다.

　그러나 그 자리에 서서 바다를 향해, 그 칠산앞바다를 보며 무

사안녕을 기원하며 기도를 올렸을 사람들의 흔적이나 느낄수 있을까하는 마음에 그 바닷가 길을 걸어본다.

변산엔 백합죽이 유명하다던데, 검색해서 굳이 찾아가거나 해보지 못했다. 내변산 월명암이라는 암자를 이름만 듣고 한번도 찾아가 볼 생각을 하지 않았는데, 십여년만에 만난 사형스님이 그 절 살림을 맡아 사신다고 언제 한번 들르라는 말에 훌쩍 변산엘 왔다.

월명암은 부설거사 이야기로 유명하다. 인도에 유마거사가 있고, 중국에 방거사가 있다면 이 한반도 땅엔 부설거사 이야기가 있다. 남여치라는 곳에서 2키로쯤 산길을 오르면 된다 해서 금방 찾아가겠거니 하고 오르는데 생각보다 경사가 심하고 거의 대부분 오르막 길이어서 두어번을 쉬었다.

절에 도착하니 사형스님이 깜짝 놀라신다. 전화라도 하고오지 그랬냐고. 대웅전 앞 마당에 서서 주변풍경을 바라보는데 이제껏 돌아다니며 본 절이나 유명한 명당지라는 곳도 이 월명암만큼 뛰어난 자리를 보질 못한 듯하다.

서해안에서 동쪽을 바라보며 숨은 이 절터에 감탄부터 한다.

그리 잘 알지 못하는 얼치기 풍수공부를 한 내 눈에도 좌청룡 우백호나 안대가 이리 잘 잡힌 곳을 보지 못했다.

호남의 3대 신령스러운 땅이란 소리가 괜한 말이 아닌듯 하다.

절 법당 정면에서 살짝 비켜 보이는 부사의방이 있다는절벽이 저 멀리 보인다.

이 산꼭대기에 자리잡은 절 법당 아래 요사채 앞에 우물이며

슬쩍 숨은 듯한 묘적암이며, 십승지라 불리는 터들은 대부분 나라에 변란이 생겼을때 숨어들어 살면 그 전쟁의 피해를 알지 못할만큼 깊은 곳에 있는 터들이니 당연히 이 변산땅도 십승지 중의 하나란다.

산을 한시간쯤은 걸어야 만날수 있는 절이니 요즘처럼 절마당까지 자동차가 가지 못하는 산속 절은 신도도 귀하다.

몇시간을 떠들고 이런저런 이야기를 나누다가 다시 산길을 내려왔다. 다시 날잡아 하루쯤 묵어갈 생각으로 오라며, 없는 살림에 굳이 거마비를 챙겨 주머니에 넣어주신다.

부설거사의 팔죽시를 다시 찾아본다.

부설거사 팔죽시 浮雪居士八竹詩

차죽피죽화거죽此竹彼竹化去竹　풍타지죽랑타죽風打之竹浪打竹
죽죽반반생차죽粥粥飯飯生此竹　시시비비간피죽是是非非看彼竹
빈객접대가세죽貧客接待家勢竹　시정매매세월죽市政買賣歲月竹
만사불여오심죽萬事不如吾心竹　연연연세과연죽然然然世過然竹

이러면 이런대로 저러면 저런대로 되어 가는대로
바람불면 부는대로 물결치면 치는대로
죽이면 죽, 밥이면 밥 사는 형편대로
옳으면 옳은대로 그르면 그른대로 보이는 그대로
손님접대는 집안 형편대로
세상물건 사는대로 파는대로 그때 시세대로
세상만사 내맘대로 안되면 안되는대로
그러면 그런대로 그렇다면 그런대로 세상따라 살자.

계율과 연수

24

         장마가 오기도 전부터 날씨가 뜨거워졌다. 다행히 산중의 밤은 아직 에어컨을 켜야 할 만큼 덥지 않다. 얼마전 공주 마곡사 연수원엘 다녀왔다. 조계종 승려들에겐 승려연수라는게 있다.

1년에 꼭 한 두번의 연수를 해야 한다. 이번 연수의 주제는 '계율과 전법' 이었다.

계율공부는 좀 재미가 없다는 인식이 있어서 연수 참여 인원이 다 차지는 않았다.

나도 율원을 다닌게 아니라서 전문적으로 계율을 공부한 적이 없다.

선방엘 가서 선을 공부하거나 학림엘 가서 경을 공부하는게 내겐 더 맞는다고 생각했었다. 늘 누군가 이러저러 한 걸 하라고 하면 괜시리 그걸 하기가 싫거나 지키기 싫어하는 모양새가 마치 아이의 치기어린 반항심 같다.

계戒란 개인이 지켜야할 것들로 하지 마라고 하는 것들이고 율律은 단체로 지켜야 할 것들이어서 무엇을 하라고 한다고 들었다.

승려가 개인으로서 행해야 할 일과 단체로서 지키고 살아가야 할 일들을 당연히 공부해야 하는게 맞는데도 괜히 여름날에 몸을 옥죄는 두터운 옷을 입은 기분이 든다.

부처님께서 열반하시고 오랜시간이 지나서 사는 곳마다 형편이 달라지면서 계율도 조금씩 달랐나보다.

그러니 여러 계율들이 생겨났겠지.

계율을 잘 지키고 살아가는 분들을 표현할때 꼭 대꼬챙이 같다고들 말한다.

재미도 없고 융통성도 없다고 한다.

돌아가신 뒤에 칭송을 하기는 하지만 한국불교에서의 분위기는 자장율사보다 원효스님이나 경허스님을 더 높이 추앙하는 경우들이 많다.

승려로 인연을 맺어 살아가게 되면서 은사스님을 모시게 되었는데, 은사스님은 단청장을 하시는 통도사 동원 스님이시다.

그러니 자연스럽게 은사의 은사인 내 할아버지 스님이 혜각 노스님이시다.

혜각 노스님은 계율과 얽힌 일화들이 많은 분이시다.

통도사 대중 모두 발우공양을 하지 않더라도 혼자라도 발우공양을 했다거나, 불교신문지가 절마당에 굴러다니는 것을 주워다가 물에 씻어서 다림질을 하고 소대에 가서 불에 태우며 기도를 올렸다는 등의 이야기들이 전해진다.

또 내 사형스님 중에서 절에서 라면을 끓여먹다가 노스님의 불호령에 절에서 쫓겨났다는 이야기도 있다.

　나는 절에 살면서 계율을 지키며 살아가는 것과 깨달음을 구하는 것에서 왜 계율이 깨달음을 방해하는지 궁금해 할때가 있었다.

　자장율사가 오대산에서 문수보살을 알아보지 못했다는 이야기가 어쩌면 계율을 내가 어떻게 지키고 살아가야 하는지에 대한길을 알려준다고 생각한다.

　절에 돌아오는 길에 초등학교시절의 동창을 만났다.

　어릴적부터 그림을 하던 친구라서 만나면 그림에 대한 이야기를 많이 한다.

　또 다른 점이라면 그 친구는 절실한 개신교 신자이고, 나는 불교 승려라는 차이다.

　또 그 친구는 여자이고 나는 남자다.

　그래서 어찌보면 약간은 어색할 수도 있는 사이인데 출가하기 전에도 가끔 만나 자신의 삶에 대한 이야기나 그림에 대한 이야기를 하곤 했다.

　사실 종교에 대한 이야기는 조심스러워 깊은 대화를 나누기가 쉽지 않았다.

　사실 그 친구의 삶은 보통의 다른 이들보다 더 종교적이고 희생적이다.

　자신의 아이들이 어른으로 성장해서 사회생활을 하게 될때 쯤 그 친구는 두명의 아이들을 입양했다.

　그리고 그 아이들을 자신의 친자식보다 더 애정을 주며 살아간다.

그리고 그 아이들이 사회초년생이 될 쯤이면 아마도 그 친구는 늙고 쪼그라든 몸이 되어 있을게다.

아이들을 늘 좋아하고, 화를 잘 내지 않고 성격이 부드럽다.

요즘에 종교가 젊은 사람들에게 별 관심을 받지 못하고 오히려 경멸에 가까운 적대감을 드러내는 이도 많다는 것을 안다.

그런데 지금껏 살아오면서 세상에 이타적이고 존경할 만한 이들을 종교를 의지해 살아가는 이들에게서 더 많이 보았다.

아마도 절집에서도 하심이라거나 나를 내려놓으라거나 자리이타같은 것들을 가르치고, 개신교든 천주교든 이웃을 사랑하라는 가르침을 믿고 살아간 때문일거라 생각된다.

절이든 교회든 기도를 한다.

그 기도가 혹 내 이익을 위한 기도는 아닌지 돌이켜 보았으면 한다.

그 친구와 기도에 대해 이야기하다가 "하나님이 기뻐하실 일을 행하게 해달라"고 기도한다는 말에 나는 그가 삶을 얼마나 이타적인 삶의 자세로 살아가는지에 다시금 생각해본다.

그 하나님이 그 부처님이 결국 중생임을 안다면 깨닫지 않아도 그는 이미 보현행의 삶을 살아가고 있는걸 게다.

인동초

25

산길을 오르내리다가 길가의 바위를 덮고 있는 덩굴에 꽃이 핀 것을 보았다. 아마 초파일이 지나고 나면 보았던 꽃인것 같았는데 별 관심을 두지 않았었다.

초파일이 지나고 유월 장마가 오기 전에 절 주변의 풀을 베느라 정신없을 때 쯤 그렇게 흘깃 보았던 꽃이었던것 같다.

인동초란다. 인동덩굴로 불리는 저 꽃이 예초기 날에 베어지곤 했을 것이다. 그래도 꿋꿋이 지금도 매년 다시 저렇게 자라 꽃을 피우며 살아가고 있다.

꽃말을 찾아보니 사랑의 굴레, 우애, 헌신적 사랑이라고 써 있는데 다른 곳에서는 '인연을 맺다' 라고 하는 글도 있었다.

인동초라고 하면 예전 김대중 대통령을 칭하는 꽃으로 이야기하던 때가 있었다고 기억한다.

"아마도 겨울을 견디어내는 풀"이라는 뜻의 한문이 그의 인생과도 비슷하게 연상되었으리라 생각된다.

오뉴월에 이 산에 피는 꽃들 중에 자신을 드러내지 않는.

어쩌면 존재감이 그리 없어 보이는 저 인동초는 묵묵히 겨울을 견디어 내고 다른 식물들속에서 덩굴로 어우러져 살아가나 보다.

그러니 꽃말이 인연을 맺고, 헌신적 사랑을 하고, 그 사랑의 굴레에 묶여 있겠지.

사람이 지어낸 꽃말은 그 꽃의 형태나 색깔, 습성이나 생장과정의 특징들과 연관되어 지어질텐데 어떠한 것에 규정 지어지고, 굴레에 묶여버린다는 것은 슬픔을 내포하고 있다는 뜻일게다.

이제 또 산수국이 꽃을 준비한다.

재작년 화분으로 사왔던 수국은 땅에 심어 이제 겨우 이 땅에 적응했나 보다.

층층나무꽃은 하얗고, 노각나무의 꽃을 기다리며 점점 더 더워지는 여름을 기다린다.

바람이 홀로 생각하는가

26

출가하고 몇년 지나지 않았을 무렵, 어느 어른스님께서 "승려가 되어 살면서 몇번의 회의감이나 환속에 대한 고민을 하는 경우들이 있다"라는 말씀이 기억에 남았다.

물론 나도 고민이 있었다. 살다보면 어쩌다 방황할때도 혹은 좌절할 때도 있기 마련이다.

그러면 보통은 초심으로 돌아가 보라고 하는데 처음 절집에 들어올 때의 그 마음을 다시 새겨보라는 뜻일게다.

요즘 한국사회도 변화의 흐름이 너무 빨라서 급격한 사회변화에 맞추어 살아가기가 힘이 든다.

어린시절에야 내가 마주하는 모든 것들을 스펀지처럼 수용하고 살아가지만 어른이 되어가면서 점점 받아들이는 것에 힘들어한다.

식당엘 가서 키오스크로 주문하는 것에 불편을 느끼는 세대가 되어 버렸다.

물론 산중에 살다가 아주 오랜만에 도시에 나가 마주하는 키오스크가 당연히 익숙할 수만은 없다.

세상의 변화를 따라가기도 힘들다면서 그 변화를 당연한 듯 살아가는게 맞는 것일까 하는 생각을 들게 한다.

글을 올리면 어떤 친구가 전화를 걸어와 내게 글을 좀 짧게 써달라는데 그 친구에게 오늘도 미안한 마음을 먼저 보낸다.

글이 길어질 듯 하다.

요즘 절집에도 지방 시골 산속 작은 암자나 살기 어려운 말사는 주지로 가는 것을 꺼리는 경향들이 강해졌다.

하긴 도심지 사찰에서 소임을 사는 것이 시골 산속 작은 사찰에서 주지를 하는 것보다 편하고 소임비도 더 많으니 그런 모습을 보이는 것이 어쩌면 당연한 듯 보이기도 한다.

지방의 인구가 적어지면서 젊은 사람들은 도시로 다 떠나가 버리고 시골의 사찰들도 점점 신도수가 줄어드니 살림살이가 어려워지는 건 당연한 일일게다.

이런 현상을 지켜보는 나도 답답하다.

이제 이 시골 사찰에 와서 산 지 7년이 되었다.

절집 말로 두 만기가 되어간다고 말을 한다.

가끔 본사의 스님들 중에 내게 그 절에 평생 살라는 말을 하는 분들이 있다.

좋은 뜻으로 그런 말을 한다고 믿으려 해도 몇마디 더 나누다 보면 그 속내가 드러나고 만다.

자신들은 그 시골 절 주지를 맡겨도 가지 않겠다는 말을 뒤늦게야 털어 놓는다.

시골 절에 살다보면 당연히 스스로 농사도 지을줄 알아야 하고, 예초기로 풀도 깎아야 하고, 절로 올라오는 길도 늘 청소하거나 나무를 베어주는 등의 잡다한 노동이 끝이 없게 마련이다.

그러니 차라리 선방에 가서 앉아있는게 낫다고 말하는 이가 있다.

점점 시골의 살기 어려운 작은 절들이 없어질 걸로 보인다.

그래서 큰절(통도사)에서 소임을 사시는 스님께 젊은 스님들이 작은 말사 주지 소임을 맡아 살면 혜택을 주어야 한다고 의견을 말했다.

평생을 그 시골에서 사는 것이 아닌 오지 도서지역의 선생님처럼 그렇게 그런 곳에서 한 두 만기라도(한 만기가 4년이다) 살면 그 다음엔 어떠한 혜택을 주면 어떨까 하는 생각을 한다.

이런 방안을 이야기하면서도 난 승려가 되고 강원에 다니던 사미시절에 배우던 서장의 내용이 문득 다시 생각났다.

대혜종고 선사와 증시랑의 편지 가운데 있던 내용인걸로 기억이 되는데 산속에서 좌선수행을 하고 사는 것을 도시에 살고 있는 증시랑이 스스로 수행을 잘 하지 못하고 있다면서 스스로를 부끄러워하고 질책하는 내용이었던 것 같다.

그때 몇몇은 의견이 달라 도시의 시끄럽고 번잡한 환경에서 수행하는게 산속 조용한 곳에서 수행하는 것보다 더 도가 높은 것 아니냐고 말하던 것을 기억한다.

이제 되돌이켜 보니 조금은 내용을 곡해하기도 했다는 생각이 든다.

도시에서 정말 치열하게 수행하는게 맞는가 하는 것이다.

중생들과 부딪히면서 정말 자신을 갈고 닦고 살아가고 있는게 맞는가 말이다.

오히려 경계(물질)에 빠지고, 명예심에 빠지고, 돈에 빠지고 색에 빠지고 있는건 아닌지 말이다.

수행이 우선되어야 하는건 당연하다.

요즘 명상이나 마음치료라는 용어들이 난무한다.

그러나 알고 보면 수행 본질보다는 어느 사이비집단이나 이교도 조직같은 곳에서의 몸집불리기를 위한 대중포섭을 교묘하게 하는 것들이 적지 않다.

이제 절집에서도 생각을 되돌릴 때가 온 듯하다.

시골 산속 작은 사찰에서 홀로 수행하며 어렵게 포교하는 승려들에게 더 존경을 보내고 그 분들에게 더 많은 혜택을 주는 쪽으로 가는게 어떨까 한다.

어렵고 힘든 곳엘 가서 열심히 수행하시는 분들이 더 많은 혜택을 받도록 해야 한다.

도심에서 포교를 많이 하고 자기 신도가 많다고 훌륭한 큰스님이라 불리는 것에 대해 다시 생각해 볼 필요가 있다.

1. 사족 하나

요즘 가끔 페이스북에 글을 올리시는 스님분들 중에 몇분이 윤회론을 어떤 승려가 부정했다고 하면서 중도 아니라고 하는 글을 보았다.

윤회론을 긍정하든 부정하든 하려면 영혼이라는 물질적인 육신 외에 따로 정신만의 운동에너지가 존재하는가부터 따져볼 필요가 있다.

그게 가능한가?

바람이 홀로 생각하는가? 바람이 인간에게 원한을 가지고 해를 가하거나 의식을 가지고 움직일 수 있는가? 윤회를 할 본래 주체가 어디 있는지 내게 보여 달라. 그러고 난 후에 그 윤회론을 부정하는게 옳지 않다고 비판을 하라.

이미 윤회론을 부정하든 긍정하든 상관없이 화두 하나가 열렸을 뿐이다. 오랫동안 신성하게 믿어오던 티벳불교의 전통인…라마가 정말 윤회에 의한 것이 맞기는 한가.

그 비판에 대답을 해주길 빈다.

2. 사족 둘

제 글을 읽어주시고 좋아요를 눌러주시는 분들께 감사드립니다. 또 제 불화사진을 보기 위해 친구신청을 하시는 분들이 많습니다. 거기엔 불화하시는 분도 계시고, 민화를 하시는 분들도 계십니다.

가끔은 다른 종교를 믿고 계시지만 민화를 하시면서 제 불화사진을 보아주시는 분들도 계시더군요.

저도 불화를 배우면서 '한국의 불화'라는 통도사박물관에서 만든 책을 열심히 보았습니다.

민화나 불화는 선을 잘 긋는 것부터 해야 합니다.

선 연습을 평생 말해도 결국 선이 능수능란하게 그어지지 않습니다.

늘 선의 굵기도 한결같이, 면 채색법은 고려불화와 이조 후기 불화가 너무도 다른 작업방식과 채색물감의 차이로 인해 많은 결과물의 차이를 보입니다.

또 아교포수, 배접(화틀에 매어 그리는 초상화기법은 주로 조선시대 왕들의 초상에 쓰여졌다고 저는 믿습니다), 바림, 아교와 에멀젼, 또 포리졸 등등….

전통과 현재의 페인팅 기법이 혼재되어 있습니다.

또 대부분은 민화 혹은 불화를 다 그리고 나면 표구사에 화틀을 맡기는 것과 직접 만들어 작업하는 것에도 차이가 있습니다.

여러 기법들을 배우는데는 저는 사사가 필수라 믿는 사람입니다.

남의 것을 보고 베껴그리는 것은 배울때 하는 일이긴 하지만 자신만의 초를 만들고 그려야 합니다.

그림은 디인에게 하고싶은 말을, 말이 아닌 그림으로 표현하는 것입니다.

고운말, 이쁜 말을 할때도 있지만 어떨때는 슬픔을 표현하기 위해, 어떨때는 기쁨을 표현하기 위해, 그때마다 그것에 맞는 색과 형태들로 표현하는 수단이겠지요.

탱화도 불교교리를 많은 이들에게 설명해주려 합니다.

그렇다보니 탱화에 이야기나 교리가 그 그림속에 숨어 있어야하고 그것을 그리는 사람이 먼저 알고 그걸 표현해야 합니다.

너무 많은 말들을 해서 대중들에게 혹 어지럽게 하지는 않았는지 모르겠습니다.

오늘 하루 하루 좋은 날들이 되시길 빕니다.

평온은 외로움이라는 두려움을 버릴때 온다

27

세상을 살면서 사람들을 만나고 이야기를 나누다보면 정말 다양한 삶의 색을 보게 된다.

누군가는 밝은 미래를 그리기도 하고, 누군가는 마주할지 조차 모를 십 몇년 후의 미래를 걱정하기도한다.

당장 내가 지금 서 있는 이 산중에서 오분이라는 시간 후에 어떠한 일로 어떤 인연이 생길지도 모르는데 늘 그렇게 먼 시간의 미래를 걱정하는 사람이 있다.

가끔은 이 산중에도 불쑥 등산객이 나타나기도 하고, 개를 끌고 절에 찾아오는 이도 있다.

또 어떨때는 멧돼지가 숲에 숨어서 거친 숨소리를 내기도 한다.

고라니의 시끄러운 소리도 가끔은 듣는다.

그만큼 삶은 늘 내 앞에 다가올 미래가 어떻게 변할지 한치 앞도 알지 못한다.

오늘 한낮의 더위가 식기도 전에 검은 구름이 산등성이를 넘어와 하늘을 시꺼멓게 뒤덮고 한바탕 폭우를 쏟아 낼지도 모른다. 그래서 더 두려운 마음에 미리미리 이런 저런 준비를 하는지도 모르겠다.

그러나 항상 하나의 인간은 대자연의 변화와 고난에 대해 그리고 사람 간의 인간관계에 내 마음대로 할수 있는 것은 없다.

그냥 조금만 내가 원하는대로, 그냥 조금만 더 안전하게, 그냥 조금만 더 평온해지기를 바란다.

어느날 평온이 찾아와 너무 지리한 일상이 되면 못견뎌하는 사람이 있다.

도시에 살아가는 젊은이가 어느날 절에 홀로 앉아있으면 그 고요함을 어떻게 받아들여야 할지 몰라 불안해 한다.

사람들속에 있다가 숲속에 있는 것 뿐이다.

누군가에게 말을 걸고 무언가를 끊임없이 관계를 맺어야 외롭지 않다고 느끼는 모양이다.

그냥….

담담하게 받아들이기 시작해보자.

고요한 시간을 받아들이고, 혼자라는 것을 그냥 인정해보라.

그리고 혼자라도 풀을 뽑든, 나무를 자르든, 그것도 아니면 명상이라도 해보라.

머리속에서 끊임없는 드라마가 펼쳐질 것이다.

그리고 있는 자신을 돌아보라.

어느날 내 몸뚱아리 하나에 집착하거나 무기력에 빠져 있거나 하는 스스로를 보게 될지도 모른다.

눈을 감고 조용히 바람이 지나가는 것을 몸으로 느껴보고, 왜 내 마음속에서 끊임없이 욕망들이 치솟는지를 찾아보라.

어느날 이 드넓은 우주의 개미보다 작아 보이지도 않을 내 몸뚱아리의 즐거움이나 쾌락에 한평생을 끌려다니다가 가는건 아닌지 돌이켜보라.

강물에 달빛이 비추어 그 빛이 세상을 밝히는 것처럼 내 존재가 그대로 빛이 되어 살아지기를 바래본다.

노후를 위해 무언가를 준비해야 한다고 많은 돈을 모으고 정신없이 살아가는 사람들이 있다.

그 살아가고 있는 지금이 노후라는걸 스스로 알지 못한다.

신중탱화를 공부하다 보면 머리에 사자 가죽을 뒤집어쓴 이가 있다.

재미있는것은 서양의 조각에도 사자가죽을 뒤집어쓴 조각이 있다.

헤라클래스다.

헤라클래스의 모습은 간다라에서 문화로 만나 불교의 하급신으로 숨어들었다.

하안거 준비

28

부처님 오신날이 지났습니다. 뒷정리를 부지런히 하고 통도사에 가서 다시 하안거 결계신고를 하고 왔습니다.

결계신고라 하는 것은 하안거기간 동안(음력 4월 보름부터 7월 보름까지) 어느 곳에 살 것인지를 신고하는 절차입니다.

매년 같은 절에 살고 있어도 항상 신고를 해요.

누군가 변동이 있을 수 있으니까요.

안거가 시작되면 큰 절에서는 다시 부산스러워 집니다.

바루공양을 시작하고 새로운 선방 스님들이 들어오시고 행정을 보는 스님들은 그것에 맞게 용상방을 쓴다거나(용상방은 모든 절 스님들이 하안거 기간동안 맡을 소임을 적어서 벽에 붙여두는 것을 말합니다.) 혹은 지급 물품도 챙기고, 여름 농사일거리도 준비를 합니다.

그러나 이 산속 작은 절에서는 백중인 하안거가 끝날때까지 찾아오는 이도 적고 큰 일도 거의 없이 지냅니다.

장마철 준비라든가 예초작업 같은 것들을 하는게 중요한 일이 됩니다.

이번 초파일 준비가 다른 해보다 더 바빴던 것 같습니다.

오랜 기간동안 신중탱화를 새로 모시려고 준비해 오고 있었는데 이번 초파일에 모실 맘으로 작업을 끝내야 했기 때문입니다.

신중탱화를 모시고 나서야 맘이 편안해졌습니다.

모란이 지는 날에

29

꽃의 왕이라 불리는 모란은 봄의 한가운데서 피었다가 진다. 선덕여왕의 일화에서 그림에 나비가 없으니 향기가 없을거라던 모란은 은은한 향기를 뿜어낸다.

모란을 옥천 이원의 묘목시장에서 사다가 심은지 벌써 5년이 흘렀다. 붉은 모란이라고 생각하고 사왔는데 전부 하얀색 모란이었다.

일주일쯤부터 점심공양을 끝내고 나면 산책을 겸해서 모란꽃을 감상한다. 그러던 모란이 오늘은 꽃잎을 축 늘어뜨려지고 있다.

봄이 가는 모양이다.

초파일이 가까와 오면서 하루하루가 바쁘게 지나간다.

그 바쁜 틈에도 한껏 여유로움을 느끼게 해주던 모란이 지고 있다.

하루 일을 끝내고 방에 들어와 우연히 듣게 된 '고타로 오시오'의 '황혼'이라는 기타 연주곡이 어쩌면 저 모란꽃이 지는 모

습과 닮았다 느껴지는지…… 마당 모서리에서 꽃봉오리를 여는
작약꽃이 모란이 지는 아쉬움을 달래줄 모양이다.

한옥을 대하는 수고로움

30

　　　　　　　　　잘 지어진 한옥에 산다는 것은
부러움의 대상일지도 모른다. 그러나 조금만 그 한옥에 애정이
있다면 수고로움이 가득한 일이다.

　요즘은 한옥호텔이라거나, 템플스테이, 혹은 한옥으로 지어
진 전원주택 같은 곳에서 하룻밤을 지낼수 있는 기회들이 맘만
먹는다면 가능한 일이다.

　어린시절 시골 목조주택에 살았던 탓에 나무마루가 있고, 나
무로 만들어진 창호지 바른 문이 달린 그런 집이 정감이 간다.

　절에 살게 된 인연으로 단청을 배우면서 전통 목조건물의 특
성이나 구조 혹은 단청을 하는 이유같은 이러저러한 이야기들
을 들었다.

　우리나라에서 지어지는 대부분의 전통 목조주택은 금강송 혹
은 홍송, 춘양목이라고도 부르는 전통 소나무로 지어지는 경우
가 대부분이었다.

그래서 그 소나무를 다듬어 대패질을 하면 나무에서 나는 향기가 온몸에 베곤했다.

나무로 집의 구조를 만들고 기와를 올리고 흙벽을 바르고 난 뒤에 연한 홍색의 나무와 하얀 회칠된 집은 깜장 모자를 쓴 어여쁜 아가씨의 얼굴처럼 곱디곱다.

그 붉으스레 했던 나무 기둥이 몇년간의 시간이 지나면서 햇빛을 받는 바깥쪽부터 서서히 검어지기 시작한다.

그리고 아주 오래되면 그 검었던 나무가 살짝 살짝 회칠을 한 것처럼 다시 허옇게 변해간다.

절에 승려로 살면서 강원에 있을 적에 가을철이면 건물에 달려있는 문들을 전부 떼내어 창호지를 다시 바르는 일을 했었다.

원래 발려져 있는 창호지를 물에 불려 솔로 문질러서 다 떼어내고 말린 다음 새로운 한지를 바르는 일이다.

지금은 그 창호문들이 유리가 붙여져 있거나 한옥창호라고 부르는 샷시창호를 하는 경우들이 많은것 같다.

그러나 2~30년전만 해도 시골집에서는 창호지 대신 얇은 옥양목천을 바른 뒤에 한지를 그 위에 붙이고 했다.

이 곳에 와서 산지도 어언 7년이 지났는데 그동안 바쁘다는 핑계와 게으름, 또 샷시가 나무창문 안쪽에 설치된 건물이라서 창호지를 새로 바를 엄두를 내지 못하고 "시간날때 해야지…" 하는 생각만 하다가 봄맞이 기분에 문을 떼다가 창호지를 불에 불리고 솔질을 했다.

오래된 문짝을 물을 발라가며 솔질을 하다가 문짝이 깨끗해지는 것을 보며 문짝 전체를 솔로 박박 문지르고 닦았더니 고운

나무결들이 드러나기 시작했다.

한나절 내내 문짝 세개를 닦았다.

물에 불어버린 문짝을 말릴 생각에 원래 자리에 다시 문짝을 달았더니 마치 새로 문짝을 맞춘것 같았다.

일을 하다가 결과가 좋아 성취감을 느끼면 일욕심도 늘기 마련이다.

내친김에 내가 사는 건물 마루와 기둥을 닦아야겠다고 맘을 먹었다.

이틀을 꼬박 건물을 닦아냈는데 다 끝내지 못했다.

그러나 집이 너무 밝아졌다.

오래된 나무, 고재를 새로 대패질한 것처럼 이뻐졌다.

마치 인테리어를 새로한 것처럼 말이다.

다른 일정이 있어서 몇일 지나서 다시 건물을 닦을 생각이다.

중국 선종사에 유명한 육조 혜능과 신수대사의 이야기가 생각난다.

이 산승은 이 건물을 닦으면서 마음닦기 놀이에 푹 빠져 이 봄, 부처님 오신날을 맞을것 같다.

자연이 주는 풍요로움

31

문득 봄이 내 곁에 와 있다는 것을 벚꽃이, 그리고 동백이, 살구꽃이, 천리향이 또 얼레지가 절 주위에서 개구리 소리처럼 와글와글거린다.

밤새 비가 내리고, 햇볕이 잘 들지 않는 곳에 세워둔 참나무 토막에서 표고버섯이 마치 콩나물 자라듯 한다.

종균을 넣고 3년쯤 지난 모양인데 올 봄은 유난히 더 많은 버섯이 나왔다.

나무를 베어 몇년을 기다리며 키워낸 버섯은 상추와 호박을 따서 절에 가져오시는 보살님에게도 보내고, 절에 찾아와 수고로움을 마다치 않으시는 할매보살에게도 보냈다.

몇백평쯤 되는 조립식 공장에서 배지에 키우는 버섯과는 맛과 향, 그리고 식감이 많이 다른것 같다. 시골 산속 절에 살다보면 가끔 어릴적 부모님이 농사지으며 어렵게 살던 모습들이 연상될 때가 있다.

버섯이래봐야 하루에 몇십개정도 되는 양을 따지만시골 암자에서 먹기에는 넘치는 양이라 몇군데에 나누어 주며 스스로 즐거워한다. 이 봄이 되어 꽃을 보며 눈이 즐겁고 향기에 취해 코가 즐겁다. 또 버섯과 작은 머우순, 쑥국, 돌나물이 입을 즐겁게 한다.

짝을 찾느라 이리저리 날아다니는 새소리가 귀를 즐겁게 한다. 이런 즐거움을 다 가지고도 우리는 무언가를 얻으려 정신없이 살아간다. 혹여 저 허공을 자꾸 무언가로 채우려 하다가 채워지지 않는 것에 지쳐 울며 스스로 불행하다고 말하는것은 아닌지.

혹…내가 바라는 진정한 행복이 무언지는 알까.

오늘 소유지족을 다시 생각해본다.

32

봄비가 밤새 내릴 모양이다. 산 중의 작은 암자엔 매화만 겨우 피었는데 읍내 가는 길의 마을 옆에는 줄벚꽃이 한창이다.

이 산속 절은 늘 아랫마을 보다 봄을 늦게 맞이한다.

봄을 애타게 기다려보지만 늘 아랫마을에서부디 올리온다.

바람도 낮에는 산아래에서 위로 불어 올라오는 것처럼 봄도 그렇게 온다.

해마다 봄을 그렇게 기다리며 산 것 같다.

한해 한해가 지나가며 죽을 날이 가까이 오는 것일텐데 내가 지은 복은 얼마나 될까.

벌써 반백년을 넘게 살았어도 그저 몸뚱아리 하나 쾌락으로 채우려다 괴로움의 쓴 맛 만을 느끼고 산건 아닌지.

내가 보고, 듣고, 맛보고, 느낀 것들이 그저 뇌속의 도파민 분비로 일어난 착각은 아니었는지.

그 뇌속의 도파민 분비마저 말라갈 때쯤엔 내 감각기관으로 들어오는 모든 정보들이 혹여 행복이라는 단어로 포장한 욕망은 아니었을지.

봄날 소리없이 땅속에서 올라오는 잡초들을 뽑으며 그렇게 하루 하루를 보낸다.

이 산중에 가을소식은 저 아랫마을보다 먼저 온다.

1년 열두달 끊임없이 펼쳐지는 드라마가 진리라 믿고 사는 어리석음이라도 버렸으니, 다행이다.

저 펼쳐진 드라마에 흔들릴 마음조차 없으니.

산중기도를 올리며

33

정초 신중기도를 올립니다. 그리고 화엄경 약찬게 독경을 일곱번이든 스물한번이든 합니다.

신중탱화를 설명하려다가 글이 길어질까 싶어 그냥 맘을 내려놓습니다.

104위 신중이니, 39위 신중이니, 동신보살이니, 기루라, 긴나라, 야차, 주산신, 주강신….

그냥 인도에서 중국을 거쳐 한국땅으로 전해져 오신신들의 가족사진 같은, 그 신중탱화를 바라봅니다.

어릴적 우리의 어머니들은 시골집 가마솥에 정월 대보름이면 찰밥을 한그릇 담아두었습니다.

또 집 뒤 장독대 위에 떡시루를 올려 두고 거기에 촛불을 켜두고 기도를 올렸습니다.

방안 시렁 위에 신주단지가 모셔져 있기도 했습니다.

전통 목조집이 지어지면 서까래를 얹기전에 건물 제일 높은 곳에 길게 올라가는 목재가 있습니다.

그 나무에 집이 지어지는 날짜를 적어두죠.

사람으로 치면 척추같은 형태랄까.

그렇게 용마루에 성주신이 모셔집니다.

옛사람들은 그렇게 성주신도, 측신(화장실신)도 모셨습니다.

이제 집은 아파트로 변하고 성주신도, 측신도, 조왕신(부엌신)도 사라져 버렸습니다.

이 신중들이 비록 불교에 들어와 모셔지면서 어떨때는 내처지기도 했던 때도 있었습니다.

요즘 신중탱화를 보면서 불교안에 민속학이 숨어있다는 생각을 할때가 있습니다.

또 저 신중들을 품고사는 아량을 생각할때도 있습니다.

너무도 계산적이고 이기적인 시대에 얼마나 저는 아량을 품고 사는지 되돌아 봅니다.

연못 청소

34

연못의 물을 빼고 몇년간 쌓였던 진흙을 퍼냈습니다. 연못의 물을 퍼내는 것도 이틀이나 걸렸습니다.

결국 물속에 들어가 바닥에 숨어있던 소제구 뚜껑을 열고나서야 물을 다 빼낼수 있었습니다.

연못 바닥에 진흙이 쌓이고, 매년 늦가을의 밤이면 찾아와 물고기들을 다 잡아먹고 가버리는 수달 때문에 마음이 상해서, 물깊이가 얕아진 그 연못에 수련이나 더 심을까 하는 생각도 들었습니다.

연못이 진흙으로 물을 담지 못하면 더이상 물고기가 살지 못한다는 생각에 힘이 들지언정 진흙을 퍼내야겠다고 맘을 먹었습니다.

그렇다고 굴삭기를 불러 바닥을 퍼내고 싶지는 않았습니다.

그 연못안에 아직 얼마나 많은 생명들이 더 살아가고 있을지 모르니까요.

양동이에 진흙을 담아 끙끙거리며 퍼내는 일을 생각보다 더 힘이 많이 드는 일이었습니다.

금방이라도 비가 쏟아져 내릴듯이 하늘은 검은 구름이 끼었습니다.

몇일간 비가 내린다는 예보때문에 맘은 더 급해져서 아둥바둥 퍼낸 양동이의 진흙이 더 무겁게만 느껴집니다.

그렇게 퍼낸 진흙이래봐야 한평 넓이도 되지 못할것 같습니다.

다만 이제 물깊이가 제 키높이 만큼은 되는듯 합니다.

진흙을 퍼내면서 수달의 살육에 살아남은 작은 비단잉어들을 양동이에 담아 두었다가 다시 연못에 넣어줍니다.

열댓마리 남은 비단잉어 새끼들이라도 살아있어서 마음이 괜시리 뿌듯해집니다.

그 작은 생명들이 다시 살아남아 잘 살아주기를 빌었습니다.

밤새 끙끙 몸살을 앓는 동안 비가 내려 연못에 물이 가득해졌습니다.

35

대한이 지났군요. 승려에게는 동안거 반철이 지났구요. 공부는 잘 되시는지요.

머리를 깎고 검은 먹물 옷을 입고 살게 되었으니 깨달음을 얻겠다는 공부를 하지 않는 것은 본분을 잊고 사는 일이겠지요.

그 깨달음에 이르는 길을 찾아가나가 길을 잃을 수도 있습니다.

너른 바다에 쪽배를 타고 가다가 저 미지의 땅에 도착하지 못하고 그 바다에서 삶을 마감할지도 모릅니다.

그래서 어쩌면 그 바다에서 얻은 지식과 지혜로 물고기를 잡고 하늘의 별을 보며 항해하다가 어느 땅에 다다를지도 모릅니다.

깨달음이 도대체 무엇인지 몰라 그 지식과 지혜의 바다를 헤매다 길을 잃지 않았으면 좋겠습니다.

깨달음 자체가 목적은 아니었어요.

다만 그곳까지 가지 못함에 자신을 자책했을 뿐이죠.

내가 이만큼 알고 있다고 타인들에게 그것을 욱여넣으려 하지 마세요.

어차피 넣어지지도 않을 것을 언성 높여봐야 내 마음 하나 맘대로 하지 못하는 것이니까요.

커피를 몇년간 즐기다가 이제 다시 보이차를 마시기 시작합니다.

격식을 차려 다구에 마시는 것도 귀찮아 그저 편하게 커피도구나 유리 제품으로 된 차도구에 그냥 내려 마십니다.

어느날 문득 보이차 마시는 것 자체가 목적이었는지 보이차를 마시는 법을 지키는게 목적이었는지 그런 것에 대해 신경을 쓰지 않게 되었습니다.

또 보이차가 7542인지 혹은 운남 어디차인지, 어느 해에 나온 것인지도, 그런것 보다 편하게 내 목에 넘어가는 편한 보이차가 좋아졌습니다.

추워지는 밤에 봄을 기다립니다.

나를 돌아 보다

36

　　　　　　　　한해의 마지막 날에 무작정 바람을 쐬러 나섭니다. 차를 타고 바람처럼 한바퀴 휘이 돌아보는게 취미인듯 합니다.

　올 한해는 잘 산건지 스스로 되묻습니다.

　잘 살았다는게 무언지 명확하지 않을 때가 있습니다.

　잘 놀았다는건지, 잘 즐겼다는건지, 돈을 막 쓰고 돌아다녔다는건지, 쾌락적인 것을 맘껏 즐겼다는건지, 그것도 아니면 소소하게 편안히 보냈다는건지, 그것도 아니면 게으름 없이 열심히 살았다는건지, 또 그것도 아니면 아무런 사고없이 안전하게 살았다는건지, 또 그것도 아니면 도덕적으로 계율을 철저히 지켰다는건지….

　몇일전 우연히 만나 저녁 한끼를 같이 하게 된 분과이런저런 이야기를 나누다가 "우리는 정말 행복을 향해 살아가는게 맞는 걸까"하는 의문이 들었습니다.

왜냐하면 사람들이 행복을 찾겠다고 하는 것들이 실제로는 쾌락의 극단을 향해 가는 모습들처럼 보이기 때문입니다.

보이는것에 취하고, 먹고 마시는것에 취하고, 듣는 것에 취하고, 냄새나 향기에 취하고, 또 마약이나 술에도 취합니다.

그리고 몸뚱아리의 환상에 취합니다.

그런 것들에 취해 놀고 마시는것이 행복을 향해 가는 것은 아닐텐데 그렇게 살아갑니다.

몸뚱아리의 편안함을 위해 돈을 벌고 쾌락을 위해 돈을 벌고, 또 안정을 위해 돈을 벌어서 쌓아두려 합니다.

그러면 행복이 오는건 맞는건가요? 과학은 인간의 행복을 위해 발전하지 않았습니다.

그저 인간의 편리와 육신의 편안함이나 호기심의 확장으로 새로운 재화를 만들어 낼 뿐입니다.

황매산 꼭대기에 하얀 눈이 내렸습니다.

그걸 보는 것만으로 행복합니다.

새해 새로운 기운을 맘속에 품고 힘찬 걸음을 걸어가기를 빕니다.

나는 보살행을 살고 있을까

37

절 주변을 걷는데 절 입구의 길 바닥에 은행이 노랗게 떨어져 있었다.

한참동안 길을 청소하지 못한 탓에 차 바퀴에 눌려 으깨진 것들도 눈에 띤다.

프라스틱 통을 가져와 은행나무 주변에 떨어진 것들을 주워 담았더니 거의 한통이 다 되어 수돗가에 가서 고무장갑을 끼고 두어 시간 남짓 은행을 으깨어 씨만 모았다.

그리고 채반에 널어 말렸더니 뽀얀 색으로 변해 늦은 가을의 시골정취가 느껴지는 듯하다.

겨울내내 구워 먹어도 되겠다.

딱딱한 씨앗 껍질을 깨고 나오는 은행의

연한 녹색이 이쁘다.

앞에 올린 자승스님의 입적에 관한 글을 올리고 나서 메신저 채팅으로 글을 보내온 분이 있었다.

어떤 이는 도움이 되었다는 분도 계시고, 어떤 이는 협박 비슷한 글을 보낸 분도 있었다.

누군가의 글이 자신의 생각과 다르다 해서 욕을 하고 글을 쓰지 말라고 협박성 글을 보낸 것을 보면서 참 한심한 생각만 들었다.

그 글을 보낸 이가 수행자가 아니었으면 좋겠다.

오래전 출가를 하고 몇년이 지나 잿빛 승복을 입고 고무신을 신고 버스정류장에 서서 버스를 기다린 적이 있었다.

그때 그 모습이 보기 싫었는지 아니면 무슨 생각인지 승합차 하나가 내 앞에 차를 대고, 차량 위에 설치된 커다란 스피커로 나를 향해 '예수천국 불신지옥'을 외쳐댔다.

그 승합차 옆에는 어느 교회 이름이 떡하니 적혀 있었다.

그렇게 외쳐대면 그들은 내가 교회로 개종이라도 할 것으로 생각했을까?

누군가에게 이렇게 하라 저렇게 하라고 떠드는 이의 말을 듣고 그렇게 할 것인지 말 것인지는 오직 내 판단에 달려있다.

그런 외부적인 협박이나 고함에 겁을 먹고 그런 것에 따라 행동할 것이었다면 애초에 잿빛 승복을 입고 살 결정을 하지도 않았을 것이다.

오직 무소의 뿔처럼 내 길을 걸어갈 뿐이다.

허정스님처럼 종단자정센터 활동을 하고 자승스님을 비판하는 분도 있고, 또 불교미래본부의 성원스님처럼 주장을 하시는 분도 있다.

그러나 그 의견이나 주장을 자신의 의견과 다르다 해서 협박하거나 못하게 할 권한은 누구에게도 없다.

현대 한국불교가 깨달음에만 몰두해서 실천과 보살행이 부족하다는 비판도 있다.

깨달음에만 천착해서 실천과 보살행이 부족하다면 그것은 이판의 것만 높은 것처럼 믿고 사판의 일들은 무시된 것이라서 이와 사가 서로 하나라는 불이에 어긋남은 아닌가.

깨달음이 중요하다는 것.

그러나 그것 못지 않게 실천행도 같이 가야 한다.

어떤 이는 수행의 경지가 높아짐에도 사람이 따르지 않고 홀로 산속에 곤궁하게 살아가는 이도 있고, 어떤 이는 높은 수행의 경지가 되지 못함에도 여러 사람들속에서 풍족한 재화를 가지고 보살행을 하며 살아가는 이도 있다.

어느 삶이 옳다라고 나는 단정짓고 싶지 않다.

그저 현재에 최선을 다해 살아갈 뿐이다.

현재의 보살행을 살지 않으면서 사후의 본생이니 뭐니 하는 것도 다 헛된 망상일 뿐이다.

자승스님의 인연맺음

38

자승스님의 인연맺음에 말들이 많다. 나도 방송으로 보면서 조금은 과하다는 생각이 들었다.

어떤 이는 듣기 민망할 비난을 하는 이도 있고, 어떤 이는 훌륭한 스님이 떠나셨다고 말하기도 한다.

그러나 어느 승려의 인연이 다해서 떠남에 그렇게 왈가왈부할 일인가 싶기도 하다.

그래서 나는 되도록이면 그 일에 대해 아무런 말도 하지 않으려 했다.

뭐 지금까지 살아온 것에 대한 결과라고 친다면 '저런 인생을 살수도 있구나' 정도의 생각을 하면서 지냈다.

한가지 일을 보면서 다양한 시각이 존재한다.

그리고 늘 진리는 눈감은 이의 코끼리 다리 만지기처럼 사람마다 다른 상상을 하고, 그 자기 상상에 기대어 비난하거나 칭찬을 하기 마련이다.

자승스님의 죽음에는 한국불교의 현재 모습이 고스란히 녹아나는듯 하다.

마침 겨울안거가 시작된지 얼마 되지 않아 선방에 들어간 수좌들은 의견을 내거나 혹은 장례에 참여하지 않은듯 하다.

안거에 들어간 수좌들이 모든 스님의 장례에 참여하지 않는 것은 아니다.

한사람의 일생에 대해 이런저런 평가를 내리고 비난을 하고 싶은 생각은 없다.

하지만 자승스님의 입적을 바라보며 나자신을 돌아보며 내 자신은 바른 자리에 서 있는가를 생각하게 된다.

절에 사는 승려는 이판승과 사판승이 있다.

지금 주지나 혹은 다른 행정을 맡는 소임을 살고 있다면 사판승이라 불리운다.

또 선방에 들어가 참선을 하고 있다면 이판승이다.

다만 소임을 살다가 선방에 가서 공부를 할 수도 있고, 선방에 살다가 소임을 살 수도 있다.

그래서 이판승이 사판승이 될 수도 있고, 사판승이 이판승이 될 수도 있다.

그러나 평생을 사판승으로만 산다는 것은 그리 좋은 일이라 보이진 않는다.

하지만 사판승이라 해서 무조건 비난할 일도 못된다.

절집에 사는 대중이거나 신도들을 위해 열심히 일을 한다면 그것 또한 이타심이 될 것이기 때문이다.

다만 그 소임이나 사판승으로서의 삶으로 자신의 권세를 만들어내는 것은 분명 잘못된 일이긴 하다.

나는 승려도 일을 하기를 바라는 사람이다.

초기불교의 수행자들이 일을 하지 않고 탁발을 해서 살았다고 해서 꼭 그렇게 살아야 한다고 보진 않는다.

탁발만으로 사찰을 운영할 수는 없다.

히말라야를 넘어 불교가 북쪽으로 전해져 오면서 겨울이라는 계절을 나기 위해 사찰은 저장문화를 받아들인다.

그것은 계율의 지킴보다 중요한 생존의 문제이다.

계율도 승려가 존재해야 만들어지는 것이다.

그리고 현 시대 한국불교에서 사판승의 역할은 점점 커져 버렸다.

국가의 법적인 제재와 문화재 관련 일들과 자연환경의 보존 문제, 혹은 정치적인 문제들까지 처리해야 한다.

정치와 종교가 무슨 관련이 있느냐고 말하는 이가 있다면 이해도가 부족하거나 무식함을 드러내는 일일 것이다.

이미 중국불교에서건, 인도불교에서건 정치와 타종교와의 갈등이나 탄압에 수많은 실크로드 길에 있던 불교 도시들이 사라졌다.

그래서 말은 하지 않지만 선거철이면 정치인들이 절이나 교회, 성당에 찾아간다.

공공연하게 공무원 종교모임이 모였다거나, 누가 정치인이 되면 어느 종교에 혜택이 갈 거라는 소문들이 가득하다.

그런데 불교의 승려들이라면 산속에서 수행이나 하지 속세에 나온다고 말하는 사람들도 있다.

대부분 타종교 사람이거나 자신의 이익을 계산하고 손해를 따지는 족속들의 모습이 그렇다.

살아가면서 흠집이나 잘못이 없는 이가 누가 있을까.

남을 욕하는 것도 잘못일진데 자신이 누군가를 비난하는 것은 옳은 일이라 떠들어대는 족속들도 있다.

남의 흠을 침소봉대하고 자신의 표를 계산하거나 손익을 계산하는 것은 옳지 않다.

만약 자승스님이 아니라면 또다른 누군가가 그 역할을 하는 이가 있을 것이다.

다만 그 새로운 이의 삶이 얼마나 도덕적인지, 계율은 잘 지키는지 같은 문제보다 얼마나 이타적인지 다른 이들의 삶에 등불이 될수 있도록 살아갈 수 있는 이가 일을 맡았으면 좋겠다.

늘 세상은 관계성을 가지고 있어서 내가 아무리 좋게 살아갈지라도 상대방이나 대중이 받아들이지 못하거나 이해하지 못한다면 그것은 그 사람의 탓이 아니다.

달마의 10년 면벽처럼, 진리를 이해하고 받아들여지는 때가 될때까지 기다려야 할지도 모른다.

자그마한 계율을 지키지 않았다고 떠들어 비난하는것도 불교를 공부하다보면 옳지 않다는 것을 알게 된다.

계율을 지키고 공부했던 자장율사가 왜 깨달음을 얻지 못하고 문수동자를 떠나 보냈는지를 돌이켜 보라.

계율은 수행의 첫걸음 하는 이의 길잡이 같은 것이다.

어느날 문득 대자유를 얻음에, 엄격한 계율이 깨달음을 방해할수도 있음을 알아야 한다.

계율은 수행자 대중이 살아가는데 필요한 규칙일 뿐이다.

초기계율이 세상의 변화에 맞추지 못한다면 변화된 세상에 새로운 계율이 필요할 것이다.

누군가를 처벌하는데에 천년전의 법이 현재에 적용될수 없는 것처럼….

다만 내 육신의 오욕락에 춤추지 마라.

눈의 즐거움에 욕심을 내고, 귀의 즐거움에 욕심을 내고, 혀의 즐거움에 욕심을 내고, 코의 향기를 맡는 즐거움에 욕심을 내려 하지 마라.

또 몸뚱아리로 느끼는 즐거움에 욕심내지 마라.

그 욕심들이 타인을 해하고 자신을 파괴할것이다.

소임을 맡은 이도 자신의 이익이나 쾌락에 욕심을 내지 않았으면 좋겠다.

다만 묵묵히 세상 어둠속에서 달빛 비추듯 다른 이의 길을 비추어주는 일을 해주길 빈다.

운홍사 폐사지를 둘러보다

39

　　　　　　　가을이 지나고 겨울이 성큼 내 품속까지 서늘하게 들어왔다. 그리고 그 한기에 한달 여를 기침을 달고 살다가 잦아들었다.

　가을날에 늘 가까이 지내는 스님과 울산의 폐사지를 찾아간 적이 있다.

　운홍사.

　운홍사라는 이름의 절이 여러 곳에 있어서 지명을 먼저 써야 비로소 어느곳 인지를 알게 된다.

　KTX를 타고 울산역을 지나 부산쪽으로 내려가면 긴 터널을 지나는데, 이 터널이 만들어질때 천성산 내원사에서 산감이라는 소임을 맡았던 비구니스님의 반대 때문에 공사가 지연되니 마니하며 한참동안 시끄러웠다.

　그 터널이 천성산을 관통해서 뚫렸다.

　그 이후 천성산에는 또 시끄러웠던 일이 하나 더 있었다.

성주군으로 결정된 사드기지가 천성산 정상에 올지도 모른다는 말들이 많았었다.

천성산은 원효대사와 관련이 깊은 산이다.

천명의 성인이 살았다 해서 천성산이다.

또 천성산 꼭대기에는 무제치 늪이 있다.

이 늪지가 잘 보전될지에 걱정이 많았던 것도 있었다.

결국 터널은 완공되었고, 내원사의 비구니 스님은 오랜 단식을 하고 세상의 욕이란 욕은 다 먹고 사라졌다.

변한것이 있다면 내원사 계곡이 그 전처럼 이제 물이 많지 않고 옛 아름다움도 많이 덜하다는 느낌이다.

이 내원사의 산 뒷편에 운흥사지가 있다.

본래 운흥사도 원효대사의 창건설화를 가지고 있으며 많은 스님들이 살았던 곳이다.

아마도 1800년대 초반 어느때 쯤 폐사가 된 듯하다.

그 전에는 경판을 많이 조각하고 인쇄해서 경전 보급에 많은 노력을 했던 절이었던 모양이다.

폐사의 이유가 참 애처롭다.

이 운흥사에서 경전을 찍어내는 인쇄술이 발달하고 종이를 만들었는데, 나라에서 이 운흥사에 종이를 만들어 바치라는 세금 공납으로 인해 스님들이 이 공납을 버티지 못하고 절을 비우고 떠난 탓에 폐사가 되었다고 전해진다.

그 절에 남아있던 경판은 통도사로 전부 옮겨졌다고 한다.

운흥사지를 둘러보고 나서 같이 갔던 스님께서 내게 묻는다.

이 운흥사를 다시 복원하면 어떻겠냐고…다행히 운흥사지는 부산에 계시는 모스님께서 매입을 한 모양이기는 하다.

그러나 그 땅 주변에 너무나 많은 땅들이 이제 여러 사람이나 문중의 땅으로 변해버려서 새로이 정리하기는 너무 힘들듯 싶었다.

또 너무 산속 깊은 곳에 자리한 탓에 복원해서 도대체 무슨 쓸모가 있을까 싶었다.

월출산 뒷편 산 중턱에도 용암사지가 있었고, 서산 흥선대원군이 불질렀다는 그 절터 아랫쪽에도 보원사지가 있었다.

그 산속 폐사지를 복원하기에 불교의 힘은 미약하다.

또 고려시대에 최소 10만이상 이었을 승려의 숫자는 인구가 네다섯배쯤은 넘을 지금 오히려 승려의 숫자는 5만명 정도나 될까싶다.

그것도 무속인지 뭔지도 모를 대처승들까지 모두 합해서 말이다.

내 스스로도 불교문화재에 깊은 애징을 가지고 살아가지만, 그리고 불교문화재 때문에 출가를 했지만 그보다 더 중요한 것은 공부다.

출가자가 적은데 산속에 절 복원이 뭐 그리 중요할까.

그보다 인생의 큰 가르침을 공부하고 깨닫고 진리를 설파하는게 우선이 되었으면 좋겠다.

찬 바람이 문밖으로 소리를 내며 지나간다.

겨울날에

40

여행을 다녀온 이후 한달 남짓 되는 시간동안 감기를 앓았습니다. 어쩌면 뒤늦게 코로나가 걸렸었는지도 모르겠습니다.

병원엘 가보지 않았으니 그저 기침을 하고, 몸살을 앓았으니까요.

아주 조금씩 기침이 잦아들고 사그라지는듯 합니다.

갑작스레 내린 추위와 11월의 첫눈에 겨울준비가 미처 다 되지 못해 급하게 보일러도 손보고, 기름도 채우고, 법당 바닥에 난방매트도 깔고, 법당 난로도 다시 꺼내 두었습니다.

작은 요사채에 겨우내 불을 땔 나무도 아직 다 마련하지 못한 탓에 마음만 급해집니다.

새벽녘에 휘몰아친 눈과 바람이 창문을 연신 때립니다.

눈이 그치고 나면 치울까 하는 생각을 하면서 아침을 먹고 기다립니다.

바람이 온 산의 나무들을 흔들고 가지에 붙어있던 이파리들 마저 떨굴 요량인지 무섭게 불어댑니다.

바람이 심한 날 산속 절은 꽤나 시끄럽습니다.

우당탕 무언가 날아가는 소리가 들리기도 하고, 나뭇가지가 온 길바닥에 부러져 떨어지기도 합니다.

거기에 눈까지 녹았다가 얼어버리면 방안에 가만히 앉아 바람이 잦아들기를 기다립니다.

다행히 기침을 하면서도 길에 쌓였던 낙엽들은 전부 치워둔 탓에 간간히 부러져 떨어진 나뭇가지만 치워주면 마을로 향하는 길은 별 탈 없을듯 합니다.

난간대에 걸어 두었던 메주덩이는 전부 처마밑 햇볕 잘드는 평방에 걸어두었습니다.

토종벌들도 갑작스런 추위에 벌통 안에 들어가 조용합니다.

겨울 추위를 잘 이겨내고 봄볕이 나면 나오겠지요.

봄 여름 가을….

그리고 겨울이 또 지나갑니다.

동해 무릉계곡을 다녀오고

41

갑작스레 결정된 여행은 설레임과 두려움이 같이 다가온다. 준비되지 않은 여행에 같이 떠나는 사람들에게 불편을 주지 않을까 하는 걱정이 앞선다.

목적지도 급작스레 정해진 터라 근처 숙소에 연락해서 예약을 했다.

그렇게 떠났다.

강원도 동해 무릉계곡, 한번도 가보지 않았고 그저 사진으로만 보았을 뿐이었다.

다섯시간을 넘게 달려서 그 곳에 도착했을때는 이미 컴컴한 저녁이었다.

불이 켜져있는 식당에 들어가 저녁밥을 해결한다.

아침, 계곡을 천천히 걸어 간다.

다섯명 중에 둘만 쌍폭포까지 걸어가기로 했다.

급하지 않게 조금은 보폭을 줄여 산길을 걷는다.

생각보다 길이 험하지 않아 걷기에 불편하지 않다.

이런저런 이야기를 하면서 폭포까지 가서 되돌아 내려오는 길에 늦게 다른 한 분이 뒤따라 올라오고 계셨다.

그렇게 셋이 내려오면서 무릎은 괜찮은지, 너무 걸음이 빠르지는 않은지,그 렇고 그런 이야기들로 걸음걸음을 함께 했다.

중년과 노년의 삶에서 서로간에 말수가 적어지고, 따로 따로 살아가는 이들이 많아서 그런지 함께 도란도란 이야기를 나누고 서로 챙겨주는게 고마운가 보다.

누가 시골에 홀로 계신 노인을 이 먼 곳까지 데려와 주겠냐며 고마움을 연신 말씀하신다.

그곳이 엄청나게 아름답지 않아도 괜찮다.

그저 서로간에 함께 걸어가며 의지할수 있다면.

동해의 바다는 힘찬 파도의 힘으로 바위를 때리고 있었다.

새벽, 은목서향이 다가오다

42

가을 새벽공기가 너무 건조해서 잠에서 깨어 물을 마신다. 방안 이곳저곳에 수건 몇장을 물에 적셔서 걸어둔다.

이런 새벽은 참선하기에 참 좋은 때다.

은목서 향이 이곳까지 와 주면 좋으련만 너무 멀어 향기를 맡을수 없다.

굳이 밖을 나가서 그 나무 가까이로 찾아가야 한다. 그때서야 가을 은목서 향은 아주 은밀하게 내 코끝에 슬며시 다가온다.

문득 내가 아직 오감의 즐거움에 끌려다니고 있음을 깨닫는다.

은목서 향기에 끌리듯 사람간의 일도 마찬가지다.

누군가 하는 일이 남들에게 즐거움을 주는 일이라면, 그 사람은 향기를 내뿜고 사는 사람이다.

다른 누군가의 향기에 취해 끌려다니기 보다 스스로 향기를 내는 사람이 되었으면 좋겠다.

그러고도 내 스스로 그 향기에 무심했으면 좋겠다.

그저 호미들고 풀을 매고, 오는 이에게 차 한잔 내놓는것만으로도, 절을 찾아오는 이의 마음에 새겨진 상처를 아물게 했으면 좋겠다.

말이 없어도 좋다.

차한잔, 커피 한잔 놓고 지붕에서 떨어지는 빗물을 바라보면서 마음을 녹일수 있다면, 그것으로도 이미 그 마음에 향기가 다 가간것이니.

오늘도 은목서 향기가 더 널리 퍼지기를.

아무리 좋은 법문도 아픈 마음을 아물게 할수 없다면, 그저 그 마음을 은목서 향이 보듬을수 있다면, 세상 가장 좋은 법문은 은목서 향이다.

풀을 베다

43

　　　　　　추석이 다가오면 절 주변과 산길
옆에 자라는 풀과 잡목을 베어주는 일이 매년 하는 일이다.

　6년 여를 살고 나니 이제 해마다 여러번씩 예초기를 쓸 일이
많아 이제는 전문가처럼 꽤나 익숙해졌다.

　그래도 늘 풀을 베는 일은 힘이 든다.

　땀에 푹 절어버리는 작업복을 매번 빨아 말리고 샤워를 한다.

　작업복으로 쓰는 검은색의 바지가 문득 무척 오래된 것이라
는 것을 깨닫게 됐다.

　개량한복 바지였는데 상의는 사라지고 바지만 남아 작업복으
로 쓰인지가 벌써 15년이 넘은 모양이다.

　찢어지지 않으니 꽤매서 쓰거나 버릴 일이 없어서 그냥 작업
할 때면 당연스럽게 그 바지를 찾게 된다.

　사람관계도 그런 모양이다.

　옆에 있으면 그냥 편해져서 곱게 모셔 두거나 귀한 줄을 잊고

사는 듯 하다.

　오래 옆에 두고 바라보다 보면 흠도 보이기 시작하고 가끔 꽤나 세련되다고 생각했던 것이 어느날부턴가 초라해 보이기도 한다. 누군가 한국사람들은 새로운 것을 무척 좋아해서 오래된 것을 남겨두지 못한다고 말하기도 한다.

　그래서 오래된 것들이 시대에 뒤쳐지고 유행에 뒤떨어진 것들이라고 버려버리고 새것을 사는 경우가 참 많다.

　절집에 들어와 살면서 가끔 오래된 것이 위대해 보일때가 있다.

　출가해서 통도사에서 살때 새벽예불을 하면서 새벽 대종소리나 법고소리를 들으며 새벽마다 스님들은 저렇게 천몇백년을 살아온건가 하고….

　나도 저 생산적이지 않은 무던하고 답답하지만 변하지 않는 꾸준함을 지키고 살아갈 수 있을까 하는 생각을 했었다.

　그렇게 지켜온 사람들이 위대해 보였나.

　버리기는 쉬워도 지키긴 어려운 법이다.

　나는 오늘 무언가를 지키며 살아가고 있는가.

　혹여 바람에도 흔들리는 낙엽처럼 마음도 그러하지는 않는가 뒤돌아본다.

토종벌들과 함께 산다

44

오월에 산신각 처마밑 서까래옆 작은 구멍에 사는 토종벌 한무리가 분봉을 했다. 서까래와 서까래 사이 개판에 뭉쳐서 집을 짓기에 절 아랫마을 보살님에게 연락을 해서 새로운 벌통을 만들어 주었다.

이곳에 와서 살면서 처음 받아본 벌통이었다.

그 벌통에 자리를 잡은 벌들은 다행히 잘 정착해서 살고 있다.

산신각에 살고 있던 원래의 벌들도 더운 여름을 잘 지내왔는데 얼마전부터 장수말벌들이 모여들기 시작했다.

토종벌들이 드나드는 서까래 옆의 작은 구멍속에 들어가 벌들을 공격하는 모양이었다.

파리채를 들고 장수말벌을 두둘겨 잡았더니 생각보다 많은 말벌들이 잡혔다.

열댓마리를 잡아놓고 댓돌에 앉아 있다가 문득 내 모습이 우습게 느껴졌다.

저 말벌들은 애초에 육식이다.

토종벌집에 처들어와서 토종벌 수천 수만마리와 전쟁을 벌인다. 그리고는 토종벌과 그 애벌레를 잡아먹는다. 나는 이 살생을 막아보겠다고 파리채를 들고 앉아있다.

이게 아무래도 알베르 까뮈가 말했던 부조리일게다.

내가 벌들의 삶에 껴들어 상황변화를 일으키는 것이 좋은 행동일까. 어차피 말벌은 다른 어떤 곤충이든 먹이를 잡아 먹어야 살아남는다. 내가 껴들어 말벌을 죽임으로써 내 스스로 살생이라는 행위를 벌인것이 되어버렸다.

부처님이 석가족의 멸망을 어쩌지 못한 것처럼 나도 그냥 바라보고 있어야 했을까.

부조리는 늘 있다.

그렇다고 아무것도 하지 않고 살수는 없다.

내가 그 작은 토종벌들이 모은 벌꿀을 먹어본 적도 없다.

그 벌꿀에 대한 욕심도 아니다.

그저 많은 생명들이 죽는 것에 대한 연민일 뿐이다.

살다보면 내 앞에 놓인 어려움이나 실패, 혹은 좌절로 스스로의 삶에 허무함을 느끼거나 우울증에 맞닥뜨릴 때가 있다.

그러나 봄이 오면 늘 새싹은 땅을 뚫고 올라오고 새 생명을 만들어 낸다.

그 부조리에 너무 고민할 일도 없다.

그저 지금,오직 지금 모든 살아있는 것들에 경의를, 모든 살아가는 것들과 최선을 다해 살 뿐이다.

그리고 지금 최선을 다해 사랑할 뿐이다.

경허 선사를 생각하며

45

　　　　　초하루 법회를 위해 과일을 불단에 올리다가 문득 경허선사의 오도송을 다시 찾아봐야겠다는 생각이 들었습니다.

　경허선사가 누군지 먼저 이야길 시작하는게 좋겠네요.

　경허선사는 조선말기에서 일제상제빙합초기(1912)까지 사셨던 한국불교 선맥의 중흥조로 불립니다.

　한국불교의 대중불교화를 이루었던 원효스님의 행적과도 비교가 될만큼 파격적인 삶으로도 유명하죠.

　1849년 전북 전주시 완산구에서 태어나 여덟살에 부친이 돌아가시고 아홉살에 의왕시 청계산 청계사로 출가합니다.

　열다섯(1860년)에 동학사로 가서 원오스님에게 경학을 배웠습니다.

　스물세살에 강사가 되었습니다.

　(1868년)1862년 17세, 철종 13년 진주민란 발생.

1866년 21세 고종 3년 병인양요발생, 1876년 31세 고종 13년 강화도 조약 체결, 1879년 천안삼거리 부근을 지나가다가 콜레라가 유행하는 마을을 지나가던 중에 죽음의 두려움에 자리를 급히 피하려다가 문득 지금까지의 경학공부가 죽음 앞에서 아무 쓸모가 없음을 알고 동학사에서 가르치던 학인들을 모두 돌려보냅니다.

그리고 작은 방에 들어가 참선을 합니다.

사미라는 말도 있고 처사라는 말도 있으나 "콧구멍 없는 소"라는 말에 깨달았다 합니다.

그리고 1880년 천장암에서 1년 반동안 치열한 참선을 하고 깨달음을 얻은 곳이 동학사라는 말도 있으나 천장암에서 깨달은 것이 맞을것 같습니다.

보임을 한 것일수도 있습니다.

아래는 오도송 입니다

오도송

홀문인어무비공悟道頌忽聞人語無鼻孔
돈각삼천시아가頓覺三千是我家
유월연암산하로六月燕巖山下路
야인무사태평가野人無事太平歌
홀연히 '콧구멍이 없는 소'라는 말을 듣고
퍼뜩 삼천세계가 내 집임을 깨달았네.
6월 연암산 아래의 길에서
일 없는 야인이 태평가를 부르네.

위의 콧구멍 없는 소에 막혀 저도 오랫동안 이해하지 못했습니다.

어느날…콧구멍 없는 소라는 것이 소 코뚜레를 뚫은 구멍을 말한다는 것을 알게 되었습니다.

소에게 코뚜레가 있다는 것은 결국 스스로 무엇인가에 옭매여 있다는 뜻입니다.

옛부터 마음을 소에 비유해 이야기들을 했으니 마음이 무엇인가에 얽매여 있다는 것을 뜻하는것입니다.

코뚜레 뚫을 구멍조차 없으니 내 마음은 본디 자유로왔고, 무엇에도 걸림이 없는 것이니 삼천대천 세계가 내 집처럼 자유로울수 밖에 없습니다.

연암산은 지금의 서산에 있는 산이름입니다.

마지막 구절의 무사….

일 없다로 표현된 저 글귀는 본래 도교에서도, 불교에서도 많이 쓰인 문구입니다.

걸림없이 살아가는….

본디 자유로운……또 하나….

경허스님의 일대기 중에 환속을 해서 박난주라는 인물로 살다가 함경도….

지금 북한의 백두산 아래쪽 삼수갑산 웅이면 도하리에서 1912년 4월에 입적하게 됩니다.

또 경허스님의 속가 친여동생이 동학군의 전봉준과 부부였습니다.

경허스님과는 처남 매부지간이었구요.

경허스님은 조카였던 전봉준장군의 딸(전옥련)을 지금의 전북 진안 금당사 고금당 나옹암이라는 자연 굴에 8년을 숨깁니다.

불교를 공부하면 한번쯤 들어봄직한 토굴가는 이 나옹암일 가능성이 높습니다.

경허스님의 일대기중에 파격적이라는 것에 대한 일화들은 기회가 되면 나중에 올려볼까 합니다.

정여립은 평등을 꿈꾸게 역모다

46

　　　　　　　　　산에 살든지, 시장에 살든지 하나의 주어진 인생을 살아간다. 누구에게나 주어진 인생이지만 각자 만의 삶을 만들어간다.

절에서 하는 기도 가운데 〈자비도량참법〉이라는 기도가 있다. 열 편으로 되어 있는데 한 편을 하는데 두어시간씩 걸리니 마음먹고 해야 기도를 끝낼수 있다.

내용은 거의 삶을 살아가면서 내 스스로 저지르는 잘못에 대한 참회기도다.

출가해서 몇년동안 같이 살던 도반들과 의견충돌이 생기는 경우가 있었다.

보통 내 주장이 강해서 내 잘못을 바라보거나 인정하기보다는 상대방이나 주변의 사람들에게 내 의견을 설득하고 토론을 이기려고 했다. 토론에서 남을 설득하거나 이기려고 들기보다 서로의 관점을 살피고 더 좋은 해결책을 찾거나 상대를 이해하려는 마음을 가지지 못했었다.

또 자신의 잘못을 깨닫고 인정하기가 정말 어려웠다.

자존심이 스스로의 잘못을 인정하지 못했다.

그런데 대중앞에서 내 잘못을 인정하고 "참회합니다"라고 말하는 순간, 내게 마음의 평화가 찾아왔다.

그리고 대중들은 그 잘못에 대해 참회한 이후에는 그것에 대해 따로 왈가왈부하지 않았다.

남들의 비난보다 내가 스스로 내 잘못에 대한 인정을 하고 고치려는 마음을 내는게 자존심에 상처가 날것 같아 어려워하고 두려움까지 들때가 있다.

그러나 스스로 자신이 불완전한 인간임을 인정하고 언제나 잘못을 저지를수 있다는 것을 깨닫고 참회한다면, 살면서 저지르는 실수나 잘못은 줄어들 것이다.

또 다른 이의 의견을 듣고 상대적 관점에서 바라볼 수 있어야 내 견해가 더 넓어질 수 있다.

불교든 기독교든 심지어 신생종교마저도 신격화되고 신화적인 이야기들을 한다.

하지만 부처든 예수든 인간으로서의 삶의 모습을 바라볼수 있을 때에야 진정한 진리가 보이기 시작한다.

부처님(고타마 싯다르타)이 2500년전 인도 땅에서자신에게 귀의하는 수행자들에게 머리를 삭발하라고 한 것은 인도 사성 계급에 대한 반발이고,기존 사회질서를 흔드는 일이었다.

머리장식을 보고 계급을 구분하던 시대에 머리장식 자체를 할 수 없도록 해서 계급을 없애려 한 것이다.

만약 조선시대로 본다면 양반이나 상놈이나 다 똑같은 사람이다라고 주장하는 것과 다르지 않기에 기존 질서를 무너뜨릴 위험한 주장이라고 반역죄 처벌을 받고도 남았음에도 부처님은 반역자로 몰리지는 않았다.(왕자라는 신분을 스스로 먼저 내려놓았기에 가능한 일일것이다.)다만 그 계급으로 인한 결과로 석가족의 몰락이 있었다는 것을 아는 사람도 많지 않은듯 하다.

또 예수가 십자가에 매달리고 죽임을 당한 이유도 마찬가지다.

신화적인 모습으로 보여야 하는 종교적 입장에서는 십자가에 매달리게 된 죄목보다는 부활에만 관점이 맞추어져 있는편이다.

그래서 예수가 십자가에 매달리게 된 명확한 이유가 나오지 않는 것이다.

어떤 이는 성전 앞에서 장사를 하는 상인들을 비판하고 상을 엎어버렸다고 하는 이도 있고, 어떤 이는 성전에 대한 전권을 달라고 했다는 이유로 죽임을 당했다고 말하지만, 인간으로서의 예수는 기존 질서에 대한 위협을 가한 인물일 뿐이다.

대중을 선동한 사람. 조선시대에도 그런 일들이 있었다.

홍길동전을 지은 허균이 그렇고 1589년의 기축옥사가 그렇다.

선조가 당시 동인이 잡고 있던(지금으로 말하면 여당이었다) 상황을 견제하려고 송강 정철이라는 서인을 이용해(지금으로는 검찰쯤 되겠다) 천여명이 넘는 사람들을 죽였다.

정여립이 옛글 중에 사람의 피에 양반의 피가 따로 있고 상놈의 피가 따로 있는게 아니라는 그 몇개의 글들로 전라도지역의 선비들 천여명이 죽임을 당한 것이다.

인간 평등을 주장하는게 기존 사회질서를 위협한다고 생각하

는 기득권층(혹은 기존질서 유지를 바라는보수집단들)의 이익
이 없어질까봐서 벌어진 일인 것이다.

가끔 내가 깨달음을 얻어 부처가 된다거나 예수의 삶으로 살
아간다는 것은 어쩌면 기존질서를 부정하고 반역자로 몰릴수도
있겠구나 하는 생각이 들 때가 있다.

반역자가 되지 않고 종교가 흥해지는 것들은 거의 대부분 가
짜일 가능성이 높다.

현재 우리사회도 정치집단과 결탁이나 서로간의 협잡으로 세
력을 확장시키는 종교집단들이 있다.

그런 집단이나 조직들은 거의 대부분 기존 사회질서를 변화
의 대상으로 보지 않는다.

부조리를 보고 고치려 들지 않고 자신들의 이익에 충실하기
마련이다. 가짜는 늘 자신의 이익에 충실하다. 보편적인 이익이
나 평등성보다 자신들의 이익에만 충실할뿐이다.

이제 상사화도 졌다. 은행잎이 노랗게 되려면 아직 한달이상
기다려야 하는구나.

가을. 딱 하로동선(여름철의 화로와 겨울철의 부채)이 그 쓰
임을 서로 바꾸는 계절이 오고 있다.

어느 죽음에 대한 단상

47

　　　　　　　　늦은 저녁 휴대폰에 부고 문자가 왔다. 문자를 확인하고 생각치 못한 이의 떠남이라서 당황스러웠다.

장례식장까지 얼마나 걸리는지 지도앱을 열어 확인하니 다섯 시간 징도 거리다.

그 밤에 주섬주섬 짐을 챙겨 산길을 내려갔다.

고속도로를 달려가다가 두시가 다 되어갈때쯤 쉼터에 차를 세우고 차에서 잠을 잤다.

고속도로를 달리는 찻소리가 요란하다.

살아가면서 오랜 인연을 맺고 서로를 걱정하며 살아가는 사람 중에는 나이 차이쯤은 큰 문제가 되지 않는 이가 간혹 있다.

부고장의 주인공은 내 대학시절 내게 가르침을 주시던 은사다.

본래 도자기를 하시는 분이셨는데 색채학을 가르쳤었다.

그 수업에서 처음 일본 극우의 상징이라 일컬어지는 미시마

유키오의 추모곡을 들었다.

그리고 그 추모곡에 대한 정보를 알려주지 않고 음악만 들려주면서 도화지 위에 자유롭게 표현해 보라고 하셨다.

수업이 끝나갈때쯤 학생들이 그린 그림을 교실 앞 칠판에 진열해보니 붉은 색이 60%정도 쓰였다.

어떤 소리를 듣고 내가 느끼는 감정을 그림으로 그렸을때, 다른 이들도 비슷한 감정을 느껴졌는지를 확인하게 된 수업이었다.

그리고 그 다음수업에서 나는 단청이라고 불리는 한국 전통 건축물에 칠해지는 문양과 색들을 공부했다.

수업이 끝나면 우르르 잔디광장에 앉아 술을 마시면서 그 교수님과 밤새 어울리고 놀다가 다음날에야 집을 가시곤 했다.

대전에서 남양주 덕소까지.

꽤 전도유망했던 그 교수(사실은 시간강사였다)님은 그해 겨울 전시회를 열었고 작품들이 몇억에 팔렸다. 1990년초쯤이었던가

그 교수님의 집이었던 덕소에도 놀러가기도 했고, 나중에 이사간 가평에도 몇년에 한번씩은 찾아갔다.

35년쯤 그렇게 인연을 맺었다.

가평에 이사간 이후로 시련이 찾아와 삶이 힘들어졌어도, 내가 출가를 하고 살면서도 인연은 꾸준히 이어졌다.

삶을 황망스럽게 떠난 이가 돌아가시기 몇일전 오후 여섯시가 넘어 전화를 하셨다.

경제적인 어려움도 토로하시고, 지나온 삶에 대한 후회나 회한도 말씀하셨다.

육체가 늙어가면서 이제 일이 힘들어 버티기 힘들다는 말씀도 하셨다.

난 그 하소연을 들어주기만할 뿐, 실질적인 경제적 도움을 줄 수는 없었다.

한두번 도움을 준다는게 본질적인 문제를 해결할 수 없다는 것을 알기에 어쩔수 없었다.

가뭄에 한 바가지 물을 논에 뿌려준다고 가뭄이 사라지는것이 아니란 것을 서로 안다.

오히려 목구멍에 갈증만 더 할 뿐이란것도…

시끄러운 고속도로를 달리는 찻소리에 일어나 다시 차를 몰고 나도 그 고속도로를 달린다.

아침햇볕이 생각보다 따갑다.

한여름 더위가 아직 가시지 않아 땀이 흐른다.

냉방온도를 낮춘다.

북한강을 따라 이어진 길을 따라 펼쳐진 카페나 펜션들도 더위 때문인지 경제 때문인지 사람들 모습이 보이지 않는다.

왜 돌아셨는지 몰라 장례식장에 가서 상주노릇을 하는 교수님 아들에게 물었다.

주무시다가 새벽에 일을 가야 하는데 일어나지 않아 확인하니 돌아가셨단다. 예순 여덟살 힘들게 버텨오던 삶의 무게를 내려놓고 떠나버렸다. 더 살아도 어쩌면 해결되지 않을 삶의 가뭄에 지쳐버린 것처럼 느껴졌다.

내게도 도와주지 못한 것에 대한 죄스러움이 마음속에 남아버렸다.

삶의 가뭄을 해결해주지 못하는 안타까움과 내 무능을 탓하며 장례식장을 가고 오는 내내 서글픔에 울었다.

가고 오는 내내 차안에는 음악이 켜져 있었다.

에일리라는 가수의 "잠시 안녕처럼"

왜 교수님은 승려가 된 나를 보고

자신이 가르친 제자 중에서 가장 잘되었다고 했을까.

산속 작은 절에 살고 있는 내게.

편안히 삶의 짐을 내려놓고 떠난 이에게

명복을 빌 뿐이다.

다음 생에선 좀 더 자유롭게 살라고.

인생의 발자취

48

　　휴대폰 사진첩을 열어 남아있는 사진들중에 필요없다고 생각한 것들을 지우곤 했는데 문득 남은 사진들이 전부 꽃사진과 부처님 사진들 뿐이라는 것을 알게 되었다.

　사진을 배우던 이십대 시절엔 온통 사람사진만 찍더니 오십이 넘으니 온통 꽃이나 산 같은자연물만 찍고 있었다.

　사람이 나이가 들어가면서 주변의 벗들이 하나 둘 떠나고, 일과 관련된 사람만 남아 외로워진다더니 문득 내가 그렇게 살아가고 있나 보다.

　내가 가는 길에 평생을 곁에서 같이 걸어가 줄 사람이 몇이나 될까 생각해보니 그럴 사람이 있을까 싶다.

　하긴 태어날때도 같이 오지는 않았다.

　살다가 누군가를 만나고 헤어지는 일이 숱하게 벌어진다.

　가끔 인생의 길에 내가 걸어온 발자취를 뒤돌아보고, 또 앞에 펼쳐진 길을 바라보며 내가 잘 걸어가고 있는 것인지 내가 서 있는 지금 잘 살아가고 있는지 주변을 둘러본다.

어릴적에는 인생을 망치는 몇가지는 조심하고 살라는 이야기들을 들었었는데, 절집에 들어와 살며 보니 계율과 크게 다를 바 없다는 생각이 든다.

말이나 행동은 타인과의 관계를 이어주거나 가르게 되는데 나를 위해 하는 행동이나 말들은 사람들을 떠나 보내게 된다.

내 몸뚱아리 하나의 즐거움이나 편함을 얻겠다고 행하는 결정은 오히려 스스로에게 독이 되어 돌아온다.

이른 아침 멀리서 찾아올 분들에게 혹여 조금이라도 마음이 상할 말이나 행동을 하지는 않는지 조심하고, 찾아오는 이에게 즐거움을 나눌수 있기를 다짐한다.

사람에게 상처를 받았다고 혹여 꽃이나 자연의 변화에만 눈길을 주고 산건 아닌지 되돌아 본다.

어릴적 욕심없이 순수하게 만났던 이들이 오히려 오래가고 다시 만나고 싶어지는 이유다.

늘 칼로 무 자르듯 살지 말았으면 좋겠다.

부처님 법을 배운다고 전법을 하지 못할것도 없고, 깨닫지 못했다고 전법을 못할 것도 없다.

그저 배운만큼 살아갈 일이다.

그게 불이가 아니겠는가.

살구나무를 심으며

49

장마가 시작됐다. 비가 많이 올 거라고 한다. 주변에 무슨 비피해가 있을까 싶어 둘러보지만 특별히 무엇을 해야할지 모르겠다.

비가 많이 오면 산기슭 음지에 핀 산수국꽃이 다 떨어지는건 아닌지….

아니면 산 전체에 향기를 뿜어내던 노각나무 꽃들이 허옇게 떨어지는건 아닌지…또 몇년전에 사다 심은 살구나무에 달린 노란 살구들이 비에 다 떨어지는건 아닌지 걱정을 했다.

살구는 올해 나무가 커가면서 더 많이 달렸다.

주렁주렁 달린것이 마치 포도송이같다.

인연이 되어 살아가게 된 절집 중에 산청에서도 살구나무를 사다 심었었고, 이 의령에 와서도 살구나무를 사다 심었다.

아직은 몇년쯤 더 기다려야 연분홍 살구꽃이 스스로 존재감을 드러낼 것이다.

하지만 푸른 녹음이 짙어지고 여름이 시작되는 이 시기에 노란 살구는 벌써 사람들의 눈을 사로잡는다.

내가 살구나무를 심는 것은 봄이면 피는 연분홍 살구꽃이 이쁘기도 하지만 나무가 목질이 단단해서 조각용 나무로 쓰이기도 하는데, 특히 절집에 스님들이 사용하는 목탁에 쓰인다.

단단해서 나무가 깨지지 않는다.

그 나무처럼 마음이 단단하기를 바래본다.

또 살구열매가 주렁주렁 열린 것을 보면 괜시리 마음이 부자가 된 것 같다.

누군가 비오는 장마철에 살구나무 옆을 지나가다가 살구 몇개라도 주워 허기를 채울수 있다면 그것도 보시다.

그러나 노란색 열매로 눈에 띄는 때문인지 누군가 몰래 몇몇 나무에 달린 살구를 싸그리 훑어 따 가버리는사람들이 있다.

분명 아침에 보았던 가득 달려있던 살구가 오후나절 몇몇 사람이 절에 왔다 가고 나서 몇그루에 달린 살구가 다 없어지고 말았다.

뭐….

장맛비에 살구가 다 떨어져 그냥 버려지는것 보다야 낫겠지만 몰래 훔쳐가버린 것에 대해 마음이 좋지 않았다.

절집에 와서 무언가를 가져가거나 따가려는 사람들이 있다.

아니… 많다.

이타행을 행하라고 하는 법문을 그렇게 해도, 이기심과 욕심을 부리는 사람들이 있다.

뭐라하면 이게 네거냐고 오히려 큰소리를 치기도 한다.

그래서 가끔 경찰에 신고를 하는 일도 있다.

왜 자신의 것이 아닌 것에 욕심을 내고 자기것인양 행패를 부리는지 모르겠다.

비가 많이 내려 살구가 떨어질때쯤 그 살구를 따다가 살구청이나 살구잼을 만들어야겠다.

가섭암지를 찾아가다

50

무더위에 바깥 일을 포기하고 늘 방안에서 시간을 보내다가 갑갑한 마음에 길을 나섰다.

8월의 더위에 지쳐 사람들은 휴가를 떠나서인지 읍내는 한산하다.

두어달 전부터 꼭 가봐야지 하고 마음먹었던 거창의 금원산으로 향했다.

산청을 거쳐 함양 안의면을 지나 금원산 자연휴양림으로 갔다.

그 자연휴양림 안쪽에 가섭암지가 있다.

가섭암이란 이름은 마하가섭에서 이름지었으리라.

오래전에 폐사되어버린 산속 깊은 곳의 암자터 뒤 바위굴 안에 삼존 마애불상 조각이 새겨져 있다.

자연휴양림 입구 매표소에서 주차료와 입장료를 내고 들어가서 차를 세우고 계곡 물을 따라 조금 걸으면 커다란 바위가 보인다.

문바위라고 하는데 단일 바위로는 국내에서 가장 큰 바위란다.

이 바위밑에 자그마한 방을 들일만 한 공간이 있다.

이 바위밑에 숨어든 사람이 있었던 모양이다.

달암 이원달 선생이라 하는데 고려의 멸망에 대한 한을 품고 숨어 살았던 모양이다.

금원산에 은거하다가 굶어서 생을 마쳤다고 한다.

바위에는 '달암 이선생 순절동' 이라고 새겨져 있다.

그 바위 옆을 비켜지나 오르막길 옆에 꽃이 눈에 들어온다.

무슨 나무인지 모르지만 꽃이 아름다워서 낼큼 사진부터 찍어 두었다.

꽃나무에 감탄하고 조금 더 오르니 작은 목조건물 하나가 눈에 들어온다.

옛 가섭암터에 새로이 지어놓은 건물이다.

그 건물 옆으로 경사가 심한 계단을 오르면 가섭암 마애불상이 새겨진 바위 동굴에 이르게 된다.

내가 이 마애삼존불상을 꼭 보고 싶어했던 이유는 이 마애불상이 1111년에(고려 예종) 조성되었다고 하는데 바위굴 안에 새겨진 탓에 비바람으로부터 훼손이 거의 없었던 것처럼 보여서 현대에 와서 새긴 것이라 해도 믿을만 했다.

특히 양옆에 서 있는 보살상의 옷이나 영락이라고 부르는 구슬 장식들까지 조각을 해서 조금은 번잡스럽게 보이기도 한데, 혹여 조각을 할때 불화(탱화)의 초본을 바위에 그냥 붙여놓고 조각을 한 것이 아닌가 하는 생각이 들었다.

이 가섭암지는 산속 깊은 계곡 옆 작은 터에 지어져서 아마도 먹을 것을 구하기가 쉽지 않았을것 같다.

그러니 가섭암지 30여미터 아래쯤에 있는 문바위에 숨어살던 달암선생도 굶어죽은 것이 아닐까.

달암선생이야 두 왕을 섬기지 않는다는 충절을 지켰다지만, 가섭암지에 살던 수행자는 왜 그 깊은 곳에 자리를 잡았을까.

맑게 흐르는 가섭암지를 둘러보고 조금 내려오다가 옆으로 이어진 다른 계곡에는 더위를 피해 들어온 피서객들이 텐트와 산막, 그리고 물놀이장에 가득하다.

항일암을 다녀오며

51

하루종일 비가 온다는 일기예보를 듣고 여수에 있는 향일암을 가야겠다고 생각했다.

향일암에 다녀온지가 언제인지 기억이 가물가물하다.

거의 삼십대 초반에 돌아다닌 여행이 많았는데, 승려가 되고 나서 향일암을 다시 간 기억이 없으니 아마도 이십년은 속히 넘었을게다.

남들은 여수해양 엑스포와 여수밤바다라는 노래가 널리 알려져서 여수여행을 많이 한 모양이다.

개인적으로 사람이 많이 모이는 곳엘 가는 것을 좋아하지 않는 성미라서 더더욱 여수쪽으로의 여행을 가지 않았던 듯 하다.

어쩌다가 누군가에게서 향일암 이야기를 듣고 문득 시간이 나면 가봐야겠다고 마음 먹고 있었다.

그리 먼 거리는 아닌데 두어 시간 정도 걸리는 곳에 이십여년 지나서 다시 간 여수는 많이 변해 있었다.

하긴 향일암 올라가는 길마저 변해서 옛 마을길을 따라가던 길을 가지 않고 새로 낸 계단길을 따라가야 해서 낯설기도 했다.

향일암은 많이 알려져 있어서 관광객이 끊임없이 찾아오는절이다.

보통 강화 보문사, 남해보리암, 여수향일암, 해동 용궁사, 낙산사 홍련암같은 바닷가의 절이나 암자가 해수관세음보살 신앙과 함께 많이 알려졌다.

관세음보살이 고대 이란지역의 수신이며 풍요를 상징하는 아나히타여신에서 그 기원을 찾는 학자들이 있을 만큼 물과 관련이 많은 보살이다.

또 11면 관세음 보살은 인도 고대의 베다신화에 나오는 루드라(Rudra)라고 하는 폭풍우와 파괴의 신에서 유래되었다고 한다.

향일암은 섬의 남쪽 끄트머리 바위산 중턱에 자리잡은 곳이다.

사실 절이 생기지 않고 자연 그대로였으면 그냥 바위 절벽들 사이의 작은 공간들이 나무숲에 묻혀 있었을 곳이다.

그 자리에 절이 생기고 기도를 하고 절을 지어 사람이 사니 아름답다고 많은 이들이 찾아올 뿐이다.

그런 기암괴석이 있는 곳엘 가서 기도를 해야 기도가더 잘 이루어진다고 믿는 사람들이 있는 이상 사람들은 끊이지 않고 찾아올 것이다.

요즘은 여행지로 찾아가는 관광객이 더 많은듯 해서 승려인 나로서는 조금 아쉽다.

그 가파른 산 중턱에 일군 향일암은 사람들을 끊임없이찾아오게 맍든다.

난 요즘 절이 도시로 들어가서 도심 한가운데서 불법을 펴는 일에 더욱 매진해야 한다고 믿는다.

산에 오랜 세월동안 자리를 지키고 살던 절들을 버리라는 이야기는 아니지만, 보존과 새로운 개척이 병행해야 하는 시대라고 믿는다.

지방소멸을 걱정하는 시대에 그 소멸의 중심속에 살고 있다는 것은 사람을 떠나는 일이 되고 만다.

사람을 떠난 종교는 사라지고 말 것이기에 사람들이 사는 도시에서 사람들의 삶을 고민하고 그 아픔과 고통을 풀어주어야 하는 게 종교인 것이다.

향일암에 많은 이들이 찾아온다고 마냥 기쁘지 않다.

오히려 그것에 만족하고 나태해질까 두렵다.

날씨가 맑다.

다시 등을 달러 밖으로 나가야겠다.

은목서 향기를 부처님께 바치며

52

봄날씨가 변덕스러워 긴팔의 셔츠를 벗었다가 아침나절에 추워져서 다시 입기를 몇일간 반복합니다. 오늘은 바람까지 세게 불어 산중턱에 늦게 핀 벚꽃들마저 다 떨굴 기세입니다.

일주일전쯤에 김해에서 찾아온 부부가 절에 나무를 보시하겠다고 했는데, 오늘 나무를 절에 싣고 온다고 어제 미리 연락을 주어서 아침나절 내내 기다렸습니다.

두어해 전부터 제가 늘 절 주변에 호랑가시나무를 심어야겠다고 마음을 두었는데 실행에 옮기지 못하고 있었습니다.

가끔 나무이야기가 나오면 호랑가시나무를 사러 충청도엘 다녀와야겠다고 말하곤 했습니다.

대부분 호랑가시나무를 은목서라고 부르는 분들이 많아서 은목서라고 해야 하지만 제가 그 나무를 처음 보았던 고창의 어느 시골집 뒷마당 고인돌 옆에서 있던 커다란 호랑가시나무의 기억이 너무 강렬하여 굳이 그렇게 이름을 기억하고 있습니다.

두번째 호랑가시나무에 대한 기억은 승려생활을 한지 몇년 안 되던 때에 통도사 중로전에 자라던 나무였는데 가을날 새벽 온 절 도랑에 향기가 퍼져 그 향기의 상큼함에 감탄을 금치 못했었습니다.

아주 작고 하얀 저 꽃에서 향기가 어떻게 저리도 진할까 하고 감탄을 했었습니다.

김해 부부는 나무 한그루도 아니고 10년쯤 자란 나무 네그루를 심을 인부와 함께 보냈습니다.

마당 한쪽에 네그루를 심고 보니 절이 훨씬 아늑해진 느낌입니다.

점심이 지나고 올라온 부부와 커피를 마시며 이런저런 이야기를 나눕니다.

나무에 보시자 푯말을 달아야겠다고 했더니 그러지 않아도 된다고 합니다.

저는 부처님오신날 등을 달면서 전부들 이름을 적어 걸어두는데 왜 그러느냐고 말합니다. 그리고 나무를 보시한 것이라는 의미보다 매년 호랑가시나무에서 나올 향기로 매년 부처님께 향공양을 올리는 것과 같다고 말합니다.

봄날의 산속 절은 비록 꽃은 늦었으나 온 산의 파스텔색처럼 연녹색과 연분홍색이 가득합니다.

바람에 저 꽃들이 흩뿌려지는 모양이 아름답기보다 봄이 지나감에 안타까움만 가득합니다.

53

　　　　　　　　　운동도 열심히 하지 못하고, 그렇다고 여행을 떠난것도 아닌데 생각보다 몸이 바쁘다.

그동안 살면서 조금씩 조금씩 불어난 물건들이 쌓여간다는 생각이 들었다.

탱화를 하고 대학원을 다니고 또 이런저런 일들을 하면서 자꾸 책이나 공구, 옷들이 늘어난다.

정리할 때가 된듯 하다.

자꾸 뭔가를 하겠다는 생각이 내 주변에 물건들이 늘어나게 만드는 것은 아닌가 하는 생각이 든다.

욕심은 끝이 없고 영원히 채워지지 않을 것을 알면서 죽을때까지 몸과 맘을 쉬지 못한다.

그렇다고 아무일도 하지 않고 있는게 옳거나 삶의 답인 것도 아니다.

몸뚱아리 하나에 집착해 꾸미고 좋은 것들만 먹어대고 그것이 행복이라고 생각한다면 개나 돼지같은 동물과 뭐가 다를게 있을까.

살면서 왜 그렇게 욕심내면서 살아가냐고 어떤이에게 물었더니 출세하려고 한다거나 부자가 되려고 한다는 대답에 나는 문득 사는 것에 대한 회의감이 왔었다.

부자가 되든 출세를 하든 거기에는 아무런 감정이 없다.

하지만 부자가 되기 위해 다른 사람들의 삶이 불행해진다면, 혹은 내 출세를 위해 타인의 삶에 불행을 가져온다면 그것은 죄악의 시작점일 뿐이다.

개인의 작은 어떤 행동 하나에도 정치적인 요소와 사회적인 요소들이 내포되어 있다.

이기적인 것은, 범죄는 아닐지라도 도덕적인 죄가 될수 있다.

그럼 어떻게 살아야 하느냐고 누군가는 질문할지도 모른다.

거기에 대한 답은 이미 정해져 있다.

선한 행동을 하라.

오늘 또 나는 새로운 불화를 조성하기 위해 배접을 한다.

아름다운 그림을 그리고 싶다.

모두가 감동할수 있는….

철불을 생각하며

54

　　　　　　　　　서해안쪽의 도시들을 다니다 보면 생각보다 사찰이 많다는 것에 놀라게 된다.

　다만 근현대에 와서 천주교나 개신교신자들이 많아서 절들이 살림이 곤궁했었다.

　서해안 고속도로가 생기면서 수덕사,선운사,내소사, 해남 대흥사까지 찾는 사람들이 많이 늘었다는 이야기를 듣곤 한다.

　서산에도 불교유적이나 알려진 사찰이 있기는 한데, 해미읍성이 워낙 알려진 탓에 다른 유적지나 관광지가 묻히는 감이 좀 있는듯 하다.

　서산에 있는 개심사는 아름다운 사찰로 사진을 통해서 여러 번 보았다.

　개심사보다는 백제의 미소라고 하면 다들 들어본 서산 마애삼존불이 워낙 유명한 탓에 다른 유적이 또 거기에 묻히는 감도 있다.

하지만 서산 마애삼존불이 있는 그 계곡의 상류로 더 올라가면 나오는 보원사지의 철불은 한국미술사에서 중요한 것으로 인정받기에 충분하다고 본다.

지금은 국립중앙박물관에 모셔져 있는 원주출토 철불과 경기도 광주 춘궁리 철불, 그리고 장흥보림사 철불과 이 서산 보원사지 철불 2구가 전부 830년경부터 고려초기에 지방 호적세력들에 의해 조성된 철불들이다.

(원주철불은 원주박물관에,장흥 보림사철불은 보림사에 모셔져 있는 것으로 알고 있다)이 철불들이 조성되기 전의 불상들은 보통 금동불이거나 석불이 많았던 모양이다.

그래서 한반도 전래 초기의 불상들은 30~40센티정도의 작고 스님들이 모시고 다닐수 있는 불상들이 전해진다.

대표적인 것이 경남 의령에서 발견된 국보 119호인 '연가 7년명' 불상이다.

이 불상은 참고로 고구려시역에서 조성된 불성으로 알려져 있다.

신라의 문화재가 많이 남아있는 반면 백제시대의 문화재는 많이 사라져서 가끔씩 발견되는 유물에 깜짝깜짝 놀라게 한다.

그 대표적인 유물이 백제금동대향로다.

서산 또한 이러한 유물들이 남겨진 곳 중의 하나다.

철불의 크기가 2.6미터로 기억하는데 요즘 보통 절 법당에 모셔진 불상이 "석자불상"이라고 하는 90센티 남짓의 불상들이 대부분이다.

그러니 보원사라는 절이 얼마나 규모가 컸을지 상상해 본다.

절 한가운데로 흐르는 개천을 건너야 법당구역이 되는듯 하다.

개천을 건너기 오른편 아래쪽에 있는 석조로 보아 그 석조가 있는 자리가 아마도 옛적에 공양간이었을거라 상상해본다.

공양간은 보통 개울과 가까운 곳에 위치하고 석조는공양간에서 물을 받아 놓고 사용하기 때문이다.

그래서 보통 절의 살림공간이 개울가쪽으로 위치하고 법당이 산쪽으로 붙어 위치한 형태로 절의 배치를 하는 경우가 대부분이다.

이 보원사지에서 계곡 상류를 거처 산을 오르면 남연군묘라고 하는 홍선대원군의 아버지 묘가 있다.

이 묘는 조선말기 서양 사람들에 의해(독일) 파헤쳐진 적이 있었는데 그 일로 유명해진 묘터다.

하지만 원래 가야사라고 하는 절이 있었는데 그 절을 불태우고 탑이 있던 자리에 홍선대원군 이하응이 자신의 부친묘를 그 곳에 쓴 터다.

왕이 날 자리라 해서 그런 일들을 벌였고, 실제 대원군 아들과 손자가 왕이 되었으니 풍수라는게 참 묘하기는 하다.

보원사지를 둘러보고 개심사 앞에서 초등학교 친구인 준영이를 만났다.

오래된 절집 앞에서 친구를 그렇게 반갑게 만났다.

서산에서 백제의 미소를 만나다

55

그림을 그리는 사람은 자신이 그리는 그림에 자신도 모르게 속마음이 자연스럽게 표현이 된다.

아마도 속으로 좋아하는 사람이 있거나 그리워하거나 혹은 자신이 아름답다고 느끼는 형상을 무의식적으로 그 그림에 그려서 스스로 만족감을 느끼게 된다.

그래서 그림을 오래 그리다보면 다른 사람의 그림을 보고 한눈에 그 그림 그린 사람이 어떤 마음인지, 혹은 얼마나 그림을 오래 그렸는지 단숨에 알아채는 일들이 많아진다.

그런데 만약 일부러 좋아하거나 사랑하는 이를 그림에 표현한다면 그 그림에 자신의 마음속에 있던 이를 얼마나 잘 표현할까.

오랜만에 멀리 충청남도 서산엘 가서 '백제의 미소'라 불리는 서산 마애삼존불을 보고 느낀 생각들이다.

지난주에 이 남쪽 경남의 절에도 눈이 많이 내렸다.

이곳에 산지 육년이 다 되어가는데 이렇게 많은 눈이 내린건 처음이었다.

빗자루나 바람을 내뿜는 브로어로는 도저히 치울수가 없어 넓적한 프라스틱 삽으로 눈을 퍼서 한삽 한삽 떠서 던지며 치웠다.

눈 치우는 일이 너무 더뎌서 하루종일 치워도 절 마당조차 다 치울수가 없었다.

그렇게 산중에 몇일간 고립되어 차가 내려갈수 없었다.

몇일이 지나고 눈이 녹아 내릴때쯤 길을 내며 염화칼슘을 뿌렸는데 그날 밤부터 비가 와서 마을로 내려가는 길이 뚫렸다.

몇일간 갇혔다가 풀려난 해방감과 오랜 친구에게 전화가 와서 얼굴 좀 보자고 하는 말을 듣고는 짐을 싸서 옥천엘 갔다.

늘 여전한 친구, 늘 반갑게 대해주고 서로간에 어떻게 사는지 몇시간을 이야기만 나누다 헤어졌다.

오래전 약속을 한게 있었는데, 오랜 시간이 지나 중년이 되어도 돈이 있건 없건 서로 소주 한병과 찌개 한냄비 놓고 늘 기쁘게 만나자고 했었다.

지금은 소주와 김치찌게가 아니라 커피한잔 놓고 커피숍에서 만나지만 어쨌던 서로 삶을 살아가는데 가끔 안부를 묻고 걱정을 해주는 사이가 되었다.

그리고 몇일전 전화로 내 건강을 걱정해주는 초등학교 동창이 생각나 충남 서산으로 갔다.

간 김에 늘 미술사 책이나 문화답사기에 나오는 서산마애삼 존불부터 찾아갔다.

미리 약속하고 간것이 아닌터라 어릴적 기억에 어렴풋하게 남아있는 초등학교 동창은 아마도 당황스러울수도 있었을게다.

전화로 서산에 왔다고 문자를 보내고 서산마애삼존불을 찾아 간 나는 내가 생각해왔던 것과 크기가 다른 것에 놀랐다.

늘 사진을 아래에서 위쪽을 향해 찍은 불상조각만 보아서 마애삼존불이 높다랗고 크다고 생각하고 있었다.

그리고 불상이 새겨진 주변이 툭 터진 곳이라 믿고 있었는데, 엉뚱하게 계곡을 따라 난 길을 가다가 계곡의 다리를 건너 돌계단을 걸어올라야 만날수 있었다.

월출산에서 보았던 마애불보다도 더 숨겨진 느낌이었다.

크기도 그냥 보통의 사람이 서 있는 것처럼….

어쩌면 우리의 이웃중 푸근한 맘을 가진 아주머니가 깨달아 불보살이 된것처럼 그렇게 조각된 채로 서 있었다.

마애삼존불의 가운데 서 계신 석가모니부처님은 크기가 2.

8미터라고 되어 있긴 하지만 머리 뒤편의 광배라고 불리는 문양과 발 아래 연꽃문양의 대좌를 빼고나면 실세 부처님의 크기는 크게 보이지 않아 더 친근하게 느껴진다.

삼존불은 가운데 석가모니부처님과 서 계신 제화갈라보살, 그리고 한쪽다리를 다른쪽 무릎 위에 올린 형태의 반가부좌 상태의 미륵보살이다.

법신은 살아있고 현신은 인연이 멀어진다고 믿는 날에

56

불교가 저물고 있다라는 처사님의 글을 보면서 수행자라는 이름으로 살아가는 저는 많은 생각을 하게 됩니다.

어릴적에 저도 불교학생회를 다녔고, 그 인연으로 절에 가서 생활해보면서 자연스레 불교미술을 하게 되고, 출가까지 하게 된 것 같습니다.

출가자가 줄어 걱정이라는 말들을 하지만, 재가 신자 또한 줄어들고 있는거겠지요.

불교학생회에 같이 활동하던 친구나 후배 중에 출가를 한 분도 계시고, 타종교로 가버린 사람도 있습니다.

출가자로 살면서 제 개인적으로 느끼는 것은 사찰이 중생의 삶과 괴리되어 있다는 것이 포교에 가장 어려운 점이라 생각됩니다.

승려의 도덕성이니 청렴함이니 하는 것들도 당연히 중요하겠습니다만 지방의 산속에 있는 사찰에서 포교란 쉽지 않습니다.

저는 승려들에게 엄격한 계율을 강요하면서 "중이 수행이나 하지, 도시에 나와돌아다닌다"라는 소리를 듣기도 했습니다.

지금도 먹는 음식때문에 고민을 하고 있습니다만 병원에 가면 몸이 많이 약해졌으니 고기를 먹으란 권유를 받습니다.

물론 당뇨 판정을 받았으니 탄수화물이 주식인 사찰의 음식을 버리고 육식을 얼마나 내게 허용되는가 하는 고민도 합니다.

고기를 먹을때마다 누구에게 변명을 해가며 승려생활을 할수 있을까요?

그럼 사찰에서 육식을 허용한다면 일반대중들이 그것에 대해 수긍을 할까요?

가장 기본적인 인식조차도 승려들은 '이래야 한다'라고 중생들이 정해버리는 어처구니없는 현상을 청정이라고 말해야 하나요?

도대체 비구계율을 아는 건지,

아니면 그것을 지금 시대에 몇가지나 지킬 것인지,

종헌종법을 우선해야 하는지 혹은 계율을 우선해야 하는지, 그 기준부터 명확해야겠죠.

어느것을 지켜야 하는지조차 불분명한데 무슨 청정이 나오나요? 그 청정은 어느 기준인가요?

한국불교가 가지는 특징이나 장점, 단점부터 하나하나 풀어갈 필요가 있습니다.

승려들이 병에 걸리면 아직도 계율에서처럼 부란약(갓태어난 송아지의 변)을 쓰라는 말은 하지 않으시겠죠.

계율을 지키라는 말을 저는 하지 못합니다.

다만 그 시대에 적절하게 수행을 위한다거나, 중생의 이익을 위한다거나 하는 대의 안에서 제 스스로 판단하고 살아갈 기준을 만드는 수밖에요.

선불교이야기를 하다 보면 계율에 대한 거침없는 파계행위에 대해 나오기도 하지요.

또 승려들의 청정에 대해 말할때 자주 나오는 것이 사유재산에 대한 것인데, 승려들이 무슨 돈이 필요하냐 하면서 엄격한 무소유를 이야기하기도 합니다.

그런데 조금만 생각해보면 이런 문제도 중생의 어리석은 승려에 대한 지멋대로의 기준 강요행위가 되어 버립니다.

우란분절의 시초가 된 대목건련존자는 지금으로 말하면 사업을 한 사람이니 돈이 많았겠지요.

그 목건련존자가 하안거 해제날에 3000명의 수행자들에게 베푸는 보시는 목건련존자의 재산이 아닌건가요?

그 대목건련존자는 무소유라면 무슨 재산으로 3000명의 수행자들에게 공양을 올릴수 있었을까요.

은처의 문제나 대처의 문제는 그 규정을 실행하려면 명확해야겠지요.

또 재출가의 문제나, 사미,사미니의 규정 또한 달라져야 하는 건가요?

몇몇 승려의 문제가 전 종단이 다 그런 것처럼 비판하고 그래서 재가자가 종단재산을 관리하겠다는 생각을 하시는 분들도 많은줄 압니다.

그러나 지금도 사찰운영위원회 중심으로 운영하는 곳이 정말 사찰운영을 더 잘하고 있는가요?

제가 느끼는 것은 결코 그렇지 않습니다.

출가자나 재가자 모두 참회하고 정신 바짝차리고 부처님 가르침에 더 많은 공부가 있어야겠지요.

하지만 출가수행자를 박제화 하려 하지는 않았으면 좋겠습니다.

출가하기는 힘들지만 환속은 아주 쉽습니다.

가사 접어 반납하고 환속하겠다고 사유서 하나 쓰고 나가버리면 출가수행자도 재가자입니다.

출가자 귀한 줄도 알아야 합니다.

이 승복이 뭐라고 범죄인 취급합니까.

그런 대접 받아가며 살아갈 수행자가 얼마나 될까요.

출가수행자의 몫은 그들에게 그냥 두세요.

내가 서있는 자리에서 스스로 엄격할 일입니다.

재가자는 계율 똑바로 지키고 살아가나요?

이런 식의 해결책이나 누군가를 탓해서는 절대 포교가 이루어지기 힘들거예요.

모쪼록 좋은 생각과 행들이 함께 하기를 빕니다.

영암 월출산을 둘러보며

57

서른이 살짝 넘었던 그 때, 인터넷 여행동호회에 가입해서 이곳저곳을 돌아다녔다.

그때 가장 기억에 남는 곳을 꼽으라면 단연코 전남 영암땅을 이야기한다.

늙어 돈이 조금 있으면 영암에 가서 살다가 죽으면 좋겠다고 말했었다.

그러나 현실은 늘 내 마음과는 다르게 흘러가게 마련이다.

종종 영암의 어느 아파트 베란다 창을 통해 펼쳐진 월출산의 겨울풍경을 아직도 그리워한다.

이름도 영암이다.

신령스러운 바위산.

그 산에 달이 떠오른다고 월출산이란다.

월출산에 가면 늘 천황사 주차장에 차를 세우고 산을 오른다.

영암에서 가깝기도 하지만 천황봉 꼭대기를 올라가는 가장 빠른 등산로인 때문이다.

영암을 가장 좋아했던 이유야 영암땅이 남쪽에 있어 따뜻하기도 하지만 바다가 가깝고, 아름다운 산도 있으며, 강물도 있어 음식재료를 따로 멀리에서 구하지 않아도 산, 강, 바다에서 나는 것들을 쉽게 구할수 있어서다.

월출산 남쪽으로는 강진 무위사가 있고, 서쪽으로는 도갑사가 있다.

불교가 융성하던 땅이 이제는 개신교 신도가 많다.

전라도 땅이 개신교가 워낙 흥해서 스님들이 살기 어려워 했었다.

그 월출산 천황사에서 천황봉꼭대기에 오르다보면 대둔산을 오르는 느낌과 비슷하기도 하고, 중국 서안에서 120킬로쯤 떨어진 화산을 오르는 것처럼 계단이 참 많다.

천황봉에 올라 사방을 둘러보다가 도갑사 쪽으로 가는 등산로 저 멀리에 구정봉이 있고, 그 구성봉 아래에 용암시리는 절터와 마애불상이 있다고 듣기만해서 고민하다가 가서 봐야겠다는 마음을 내고 천황사 반대편 쪽으로 산능성을 따라 걸었다.

오랜만에 하는 등산이라 걸음이 가볍지 못하고 자꾸 쉬기를 반복해야 했다.

구정봉이라는 이름은 산봉우리에 우물이 아홉개가 있어서란다.

불교에서 유명한 구정선사 이야기와는 좀 다르다.

구정선사는 스승의 지시에 아무런 대꾸도 없이 솥을 아홉번 옮겼다고 해서 구정선사이다.

마애불은 생각보다 컸다.

국보로 지정된 것이 규모도 그렇고 역사성이나 조각의 예술성도 당연스럽게 갖추었을테지.

마치 경주 남산에 새겨진 마애불상과 비슷하다.

절터엘 가보니 삼층석탑도 웅장하고 절터도 정말 좋은 자리에 있었다.

내가 가끔 터가 좋다고 말하면 사람이 살기 좋은 터를 말하는 줄 아는 사람들이 있다.

그런 의미가 아니라 절터로, 승려들이 수행하기에 좋다는 의미인데, 사람들은 살림을 살기에 좋은줄 안다.

신라말이나 고려초기 쯤에 이루어졌을 삼층석탑이 있으니 그전에 창건된 절 이었을텐데, 언제 어떻게 폐사가 되었는지 알길이 없다.

절터가 새로 발견된 것도 근래에 와서다.

내가 처음 월출산에 갔던 이십오년전 쯤에는 알려지지 않았던 곳이다.

폐사찰이 되어버린 용암사라는 이름은『동국여지지』라는 옛 지리지에 나온단다.

그리고 그 절터의 기왓장에서 절 이름이 있어서 알게 되었단다.

불교에서 달은 부처님의 진리의 빛을 비추는 새로운 깨달은 이의 현실행위로 인식한다.

그래서 불교의 선문구에 달에 관한 구절들이 많이 나온다.

대표적인 것이 천상유수천강월이다.

부처님의 진리를 이어받아 세상을 비추는 아라한들…폐사터를 뒤로하고 다시 산을 오른다.

아래로 내려가는 길이 없다.

한참을 올라 도갑사로 향한다.

도갑사도 좋기는 하지만 너무 크게 불사를 해서인지 내게는 조금 허해 보인다.

건물들을 조금 작게, 조금 붙여서 지었으면 어떨까 하고 생각해본다.

웅장하다고 다 좋은건 아니다.

아담하고 단아한 절집이 아름다울때가 있다.

사람 없는 절집이 너무 크기만 하면 쓸쓸함만 남는다.

절은 관광지가 아니다.

그냥 수행자들이 공부하고 살아가는 곳이다.

누굴 보여주려 그리 크게들 지어대는지 모르겠다.

피곤한 몸을 겨우 버티며 내려와 택시를 탔다.

월출산 기운이 좋아서 월출산 아래 굿당이 많이 생기고 엄청 잘 된다고 내게 이야기하는 택시기사의 말이 귀에 남는다.

58

동지가 지나고 바로 다음날이 초하루인 탓에 법당 불전에 과일을 올렸는데 날씨가 추워져 과일이 얼까 싶어 법당난로를 켜 두었다.

몇 시간 동안 난로가 켜져 있도록 예약해 두었다.

새벽시간에 법당에 갔더니 벌써 법당은 영하의 온도 였고 불단위에 올려두었던 바나나는 검게 변해가고 있었다.

보통은 과일을 초하루부터 신중기도 삼일동안 올려두는데 겨울에는 과일이 얼까 싶어 노심초사하며 하루만에 내려 버린다.

그리고 그 과일은 읍내의 노보살님들이 모여 계시는 쉼터나 몇군데에 나누어 드린다.

미리 과일을 전해주기 위해 전화를 하고 갔더니 보온병에 쌍화차를 넣어 주신다.

가서 드시라고… 내겐 귤을 보면 잊혀지지 않는 기억이 있다.

고등학생시절 어느 겨울날 저녁에 시골집 우풍이 심해 책상에 앉아 있을수 없는 방에서 이불을 덮고 책을 보고 있었는데 문이 드르럭하며 열렸다.

고개를 돌려 보니 할머님이 검은 비닐봉지를 두고 가시며"먹고 해" 하고는 문을 닫고 가셨다.

그리고 몇달 뒤에 그날 할머님이 내 방에 오시다가 넘어지셔서 손목에 금이 갔던 것을 그냥 놔둬 뼈가 비정상적으로 붙어버렸다는 것을 알게 되었다.

그날 들고 오셨던 비닐봉지에는 귤 몇개가 들어 있었다.

늘 귤을 볼때면 할머님이 그립다.

아무것도 해줄수 없었던 내게 늘 내리사랑을 주셨던 것을 잊지 못한다.

가끔 어떤 물건이나 소리나 음악같은 것에서 오래전 기억이 소환되는 경우가 있다.

무심코 켜져있는 TV에서 '알쓸인잡' 을 하는데 오랜만에 들려온 단어에 내 관심이 거기에 꽂혀버렸다.

'브루클린' 알쓸인잡에서는 브루클린의 다리건설에 대한 이야기가 나왔지만 난 그 브루클린이라는 지명으로 인해 영화음악이 떠올랐다.

오랫동안 잊고 살았던 20대의 기억이 어슴프레 떠올랐다.

영화 줄거리가 잘 기억나지 않아 나무위키를 뒤져 검색해본다.

" 브룩클린으로 가는 마지막 비상구"라는 영화의 OST "A Love Idea"라는 음악이 떠올랐다.

음악이 너무 슬퍼서 듣고 있으면 맘이 울적해진다.

하지만 영화도 서글프다.

외설적인 소설이라고 비판받고 많은 논란을 일으켰던 원작소설 때문에 영화는 조금 덜 외설적이라고 하지만 영화도 청소년 관람 불가이다.

아마 대학시절에 봤을텐데 기억이 잘 나지 않는다.

그보다는 그 음악을 유독 많이 들었던 모양이다.

음악도 한 곡을 자주 듣다보면 습관처럼 마음도 거기에 맞춰지는가싶다.

살다보면 인생에서 한 두번쯤은 누군가 내게 손을 내밀고 인생의 방향을 끌어주는 사람이 있게 마련이다.

다만 내가 스스로 그것을 알지 못하고 지나치거나,도움을 뿌리치거나, 혹은 자신이 어리석다는 생각보다는 다들 스스로 자신은 똑똑하다고 믿고 살아가기도 한다.

혹은 저 영화에서의 주인공처럼 인생의 막장으로 스스로를 내던져 버리기도 한다.

아마도 자신이 처해 있는 상황을 탈출할 끈이나 사다리가 보이지 않거나 희망을 접어버리는 경우일때는 스스로 그 자리에서 무언가를 하려 하지 않고 세상 흐름에 자신을 내맡겨 버린다.

살다보면….

늘 그런 날만 있는 것도 아닌데 늘 어두운 날만 있다고 느껴질 때도 있다.

살다보면….

세상이 내가 생각했던 것과는 전혀 다를때도 있다.

스스로 세상을 꿰뚫어 보는 능력을 가지지 못했으니 자신의

어리석음을 자각하며 그저 오늘 하루도 한겨울 산바람소리에
잠을 청한다.

브룩클린으로 가는 마지막 비상구 OST 'A Love Idea'를 들
으며.

요즘 커피는 참….

차만큼이나 맛도 이야기도 많다.

커피공부도 어렵겠다.

눈을 치우며

59

이곳에 와서 동지를 치른게 다섯 번째인가보다. 운이 좋았던건지 동지 무렵에 눈이 오지 않아서 잘 치를수 있었는데,이번 동지에는 전날 밤에 눈이 내려 길이 막혀버렸다.

동지 전날에 새알수제비 만들 반죽을 떡방앗간에서 찾아오고 보살님들을 모시고 와서 팥죽 끓일 준비와 새알수제비를 빚어야 하는데 차를 끌고 산을 내려갈 수가 없다.

아침일찍부터 브로어를 메고 눈을 치우는데 눈이 습설인건지 벌써 녹는 건지, 눈이 무겁게 느껴진다. 산을 내려가는 길에 쌓인 눈을 치우며 내려가다가 뒤를 돌아보니 이제껏 치우며 내려오던 길에 다시 눈이 쌓인다.

그러거나 말거나 맘이 급해져 한참을 치우다보니 눈이 그쳤다.

장갑을 꼈어도 손이 시려워 핫팩을 주머니에 넣어두고 왼손을 주머니에 넣어 녹인다.

급하게 눈을 대충 치우고 길을 냈어도 시간이 열두시 반이 다 됐다. 저혈당이 오려나 어지럼이 살짝 느껴진다. 점심을 간단하게 먹고 차를 끌고 산을 내려가 읍내에 가서 새알수제비 반죽을 찾고, 보살님 몇 분을 모시고 절로 돌아왔다.

동지팥죽을 끓일 팥을 삶으려 장작을 나르고, 방에 들어와 앉으니 피곤함이 밀려온다.

잠깐 잠이 들었나보다. 읍내를 다시 내려가 다른 몇분의 보살님들을 모시고 오고, 다시 저녁이 되어 다시 모셔다 드려야 했다.

하루에 서너번은 기본으로 차를 끌고 오르락 내리락 하게 된다. 7킬로 길을 그렇게 오르내리니 차가 버티지를 못하나보다.

앞에 끌던 차가 고장이 난 것도 이 험한 오르막 길을 하루에 몇번씩 사람을 태우거나 과일을 싣고 다녀서 일게다.

동짓날 아침부터 바쁘게 움직였다.

떡을 찾아와야 하고 신도분들도 읍내에 가서 태워와야 한다.

어찌어찌해서 농짓날 하루가 훌쩍 지니간 느낌이다.

그런데 또 지금 눈이 내리고 있다. 이곳은 눈이 많이 내리지 않는 곳인데 올 겨울에는 눈이 많이 오려나 보다. 또 내일은 초하루인데 아마도 신도 한분도 올라오지 못하고 혼자 초하루기도를 해야 할 것 같다. 어차피 눈 내린 산사에 아무도 없는 몇일간 기도나 열심히 올려야겠다.

열흘이라는 시간동안 기도 올리겠다고 맘 먹었으니.

살다보면 혼자일때가 좋을 때도 있고, 여럿일때가 좋을때도 있다. 올 한해를 마무리하는 기도는 혼자일듯 하다.

염불소리가 눈속에 파묻힐것 같다.

둔내에 와서

60

거의 다섯시간쯤 걸리는 거리를 달려 이 곳, 둔내로 왔다. 우리나라에서 가봐야 할 고개를 검색하다보니 이 근처에 양구 두미재가 눈에 들어와 무작정 달려왔다.

막상 와서 보니 살면서 몇번이나 이 곳을 지나치기도 하고, 또 어느때는 이 근처에서 살기도 했었다.

이 둔내에서 6번도로를 따라 달리면 양구 두미재를 넘어 봉평에 다다른다.

봉평은 이효석의 단편소설 '메밀꽃 필 무렵' 에 나오는 곳이다.

봉평장에서 평창 대화면에 그 소설속의 대화장으로 가는 길에서 허생원이라는 장돌뱅이와 동이, 조선달, 성서방네 처녀라는 인물로 소설은 이루어진다.

허생원은 성서방네 처녀와의 하룻밤 인연을 평생의 추억으로 기억하며 봉평장을 빼놓지 않고 들른다.

동이가 자신의 자식일지도 모른다는 생각으로 남다른 감정을 느낀다는… 그 배경이 된 메밀꽃 필 무렵의 그 메밀꽃은 산자락 밭에 7월부터 10월까지 꽃이 하얗게 핀다.

하지만 보통 가을메밀이니 구월쯤 어느날이라고생각한다.

늘 여름날이면 메밀소바를 좋아해서 즐겨 먹었다.

서른즈음에 이곳 여행을 하다가 겨울쯤인가에 먹었던 메밀국수의 기억을 떠올린다.

쟁반에 무쳐나온 비빔막국수를 특히 좋아했었다.

지도를 보다 보니 서석면소재지가 보인다.

군대생활을 할때 서석면에서 살다가 홍수로 부대가 고립되어 보급이 이루어지지 못해 컵라면으로 몇일을 버틴 기억이 떠오른다.

서석면은 홍천땅인데 횡성 옆이라는 생각을 못했다. 또 같이 선방에서 살았던 스님이 이 근처 절에 사시는 듯 하다.

살다보면 스쳐지나가는 사람도, 혹은 한번만 보고 말것 같았던 사람도 언제 어느 곳에서 다시 만날지 모른다.

또 잠시 잠깐 만난 인연이 평생의 기억으로 남을지도 모르고, 오랜 인연도 어느날 한 순간에 남남인 것처럼 멀어질 수도 있다.

그 하나하나의 인연이 소중하지 않은 것이 없다.

오늘도 사람 만나는데 오만하지 않게, 늘 겸손하게 만남을 가질수 있기를 바래본다.

아침, 병원에 가서 CT촬영을 했다.

몸뚱아리 이곳 저곳에서 젊은 시절의 내 삶의 흔적들이 다시 슬금슬금 병으로 튀어나오기 시작한다.

담담하게 받아들이면서도 젊은 날에 돌보지 못했던 스스로를 자책한다.

그러나 어쩌랴.

내가 짊어지고 가야 할 숙업인걸….

내일 아침에는 이 둔내와 태기산에 메밀꽃 가루가 하얗게 덮힌 모습을 봤으면 좋겠다.

눈이 온다는데 메밀꽃처럼 하얗게 된 태기산을 메밀꽃이 뿌려진 것처럼 상상하며 걸어보리라.

메밀꽃 밭인양….

중, 커피를 마시다

61

일상에서 작은 일들에 하나하나 신경을 쓰고 사는건 참 어려운 일이다. 또 그 작은 일에 하나하나 반응하는 것도 내 스스로에게 너무 피곤하다.

하지만 그 작은 하나하나의 일들이 내 생활의 많은 부분에 간섭을 하게 되면 그것에 대해 반응을 하지 않을 수 없어진다.

어제 내가 커피를 마시기 위해 보온병을 샀다는 글을 올렸다.

그 글의 댓글에 "중이 커피? 끽다거…"이런 댓글이 올라왔다.

하나를 보면 열을 안다고….

저 글을 쓴 분은 승려에게 이미 낮춤말을 해서 스스로 잘난체를 했다.

또 승려가 커피를 마시든 차를 마시든 시대나 문화의 변화일 뿐이지, 애초 그렇게 하란 법도 없음에도 승려들에게 어떻게 하라고 오지랖을 떨면서 누군가의 행동을 제멋대로 평가하고 규칙을 정하려 한다.

중년 이후에 만나서는 안되는 사람의 유형에 속한다. 이런 일들이 승려생활을 하다 보면 부지기수로 일어난다.

특히 불교에 대해 알지 못하는 사람들이 더하다. 스스로 무식함을 드러내고, 스스로의 머리 속에 가진 선입견으로 사람을 어떠한 틀속에 가두어 두려 한다.

몇일전에는 내가 쓰는 모자를 가지고 뭐라하던 이가 있었고, 또 그 전에는 내가 등산화를 신었다고 고무신을 왜 신지 않냐고 시비 거는 이도 있었다. 어떨때는 그렇듯 먹는 것 하나, 입는 것 하나하나를 자신들의 생각에 맞추려 든다.

이런 행동은 연인이나 부부사이 혹은 사이비 종교인과 그를 따르는 신도들 사이에서 일어나는 가스라이팅과 다를 바 없다.

일종의 사회적 가스라이팅으로 보인다. 예전에 시골을 가면 시골마을들이 다 변해버려서 옛 고향의 맛이 없어졌다고 말하며 새롭게 집이 지어지고 변화하는 모습에 대해 비판하는 이들이 있었다. 결국 변하지 못한 시골은 전부 빈집으로 남고 사람이 살지 않는 폐허가 되고 말았다.

시대가 변하면서 사람도 변하고 집도, 옷도, 사상도, 변하지 않는 영원한 것은 없다.

애초에 부처님께서 모든 것은 변한다 했음에도 승려들 보고 그깟 차 하나 마시지 않고 커피를 마셨다고 뭐라하는 장삼이사들이 많은 세상은 변화에 긍정적이지 않아서 사회적 발전을 이루는데 장애가 될 뿐이다.

한마디로 꼰대가 되지 말라는 소리다.

남 가스라이팅 하려 들지 말고 스스로에게 엄격할 일이다.

산을 오르고

62

　　　　　　날이 추워지면서 산을 가는 준비
물이 자꾸 늘어간다. 간편하게 달랑 지팡이 하나 챙겨 올라가던
산을 이제는 한가방 짊어지고 가야 맘이 놓인다.

　신발은 등산화를 신고 등산바지를 챙기고 모자도 두개씩이나
준비한다.

　여름이면 그냥 편의점에서 물 두어병 사서 가곤 했는데 어느
날부터인가 산에 올라보니 물이 얼어있다.

　텀블러에 커피 넣어서 마시며 다니다가 두어 시간 지나고 나
면 식어버려 버리고 만다.

　인터넷에서 쉽게 주문하면 오는 보온병을 산다산다 맘을 먹
다가 그 인터넷 주문이 귀찮아 굳이 진주로 한시간을 차로 가서
사왔다. 커피를 타서 보온병에 넣어두면 여섯 시간은 괜찬은 모
양이다.

　세상이 좋아져서 버너니 코펠이니 하는 것들을 굳이 챙기지

않고도 발열도시락을 가지고 가서 줄만 당기면 따뜻한 밥을 먹는다.

김밥을 사서 챙겨 올라갔다가 얼어버린 김밥에 찬 생수와 함께 먹으려니 서글픈 맘마저 들었었다.

속옷가지를 챙기면서도 면제품은 빼낸다.

땀을 배출시키지 못해 산속에서 저체온증에 빠질 염려 때문이다.

이런저런 물건들을 챙기면서 몸 건강하자고 하는 일에 걱정을 만들고 산다.

나뭇잎이 다 떨어지고 난 산은 감추어 두었던 속살을 드러냈다. 안보이던 바위며 산길이 실처럼 놓여있다.

절 앞 은행나무도 잎은 다 떨어지고 은행 열매만 달렸는데 날이 추워 얼어버리면 하나 둘 바닥에 떨어진다.

그 은행나무가지에 여름내 숨어있던 말벌집이드러났다.

작은 고추장단지만한 말벌집 주변에 말벌들이 이리저리 날아다닌다.

여름내 요사채옆 토종벌들을 죽이고 괴롭히던 그 말벌들이 은행나무가지에 살고 있었다.

몇일전 날씨가 추워지면서 지리산을 다녀온 후에 보니 말벌집이 사라졌다.

높은 은행나무 가지에 매달려 있던 말벌집은 날씨가 추워지면 말벌들도 움직이지 못해 까마귀들의 먹이가 되고 만다.

겨울 까마귀들의 단백질 공급원이 되고 만다.

까마귀만 그런 것은 아니다.

절 뒷편 참나무 꼭대기에 달려있던 말벌집은 까치 차지가 됐다. 오늘은 방안에서 커피를 타서 방문밖으로 나오는데 노란 족제비가 놀라 달아난다.

작년에 보았던 날다람쥐 식구들은 어디로 이사를 간건지 보이지 않는다. 높다란 참나무 가지 옆구멍에 살았었는데 어디론가 떠나버렸다.

새로운 것이 오고 오랜 것이 떠나는 계절이다.

49재를 치르면서

63

가끔 묘한 우연에 놀라움을 느낄 때가 있다. 수달이 와서 절의 연못에 있는 비단잉어들이 다 잡아먹히고 나서 아쉬운 마음에 연못을 가끔씩 멍하니 내려다볼 때가 있다.

엊그제 아침에 연못을 보니 낯선 손님이 와서 자리잡고 있다가 내 기척에 놀라 멀리 절 앞 팽나무로 왜가리가 달아나 앉는다.

몇마리 남지 않은 비단잉어 새끼들마저 저 왜가리에 목숨을 잃게 생겼다.

그 전날에 절 주변을 맴돌며 밤이면 소리를 질러대던 고라니도 마을쪽으로 내려가 로드킬을 당해 죽었다.

오늘 49재 막재가 있는데 꼭 이런 죽음과 관련된 일들이 연이어 벌어지는지 모르겠다.

먼저번 수달이 찾아온 날도 49재 막재를 앞둔 날이었다.

49재를 하면 내가 늘 이야기하는 것이 있다. 왜 49재가 제사와

글자를 다르게 쓰는지 아느냐고 묻는다. 살다보면 우리는 형식만 남고 그 의미를 잃어버린것 들을 마주하게 되는 경우가 있다.

특히 49재 같은 경우에 사람들은 그저 절을 믿는 사람들이 돌아가신 분들이 좋은 곳에 가시라고 49재를 치른다는 막연한 생각을 가지고 온다.

49재는 본래 불교 법식이 아니고 도교의 의식이었다.

그게 중국에서 불교로 들어와 불교의 우란분절과 섞여버린다.

내가 출가하고 얼마 되지 않을 무렵 한 외국인 유명 사진작가가 통도사에 와서 사진을 찍게 되었을때 사찰 안내자로 나갔다가 그 외국인 사진작가의 질문에 대답을 못하고 당황한 적이 있었다.

그게 명부전이라는 전각(보통 49재를 지내거나 죽은 이를 위해 기도하는 법당건물로 시왕탱화가 모셔지는경우가 많다)의 시왕탱화를 사진 찍으면서 내게 한 질문이었는데, 불교에서는 업에 따라 육도윤회를 한다는데 왜 바로 다음 윤회의 생으로 가지않고 49일 동안 다시 시왕들에게 심판을 받는 이중처벌을 하느냐는 거였다.

당연히 종교적인 교리가 섞이면서 이런 충돌 지점이 생기게 마련이다. 하지만 난 49재라는 죽음 이후의 심판이나 결과에 대한 이야기보다 그 형식과 의미의 관계에 더 관심이 있다.

사람들은 누구나 죽음에 대한 공포를 느끼고 그 이후를 걱정한다. 하지만 일어나지도 않은 일이나, 사후세계를 체험하지 못한 생명이 있는 우리에게 그 이야기들은 아무것도 없는 것에 대한 맹목적 믿음이 될 수도 있다.

기독교는 일단 믿으라고 말한다. 그리고 그 믿음을 의심하지 말라고도 한다.

불교에서는 신해행증이라고 하는 과정을 따르라고 한다. 신해행증이 뭐냐면 교리를 믿고, 그 다음 그 교리를 이해하고, 그 교리를 행하고, 그 행으로 믿음이 옳았다는 것을 증명하는 과정을 거치라는 것이다.

하지만 요즘 사람들은 일단 믿음에서부터 믿지 않고 의심을 하고 거부하는 경우가 많다. 그러나 그러면서도 사람 사이의 관계성을 거부하지는 못한다. 사람 사이의 관계에 의해 인연이 생기고 그 인연이 어떠한 결과를 만든다.

친구가 되든, 연인이 되든, 부모관계가 되든, 부부가 되든 그냥 스쳐지나가는 인연이 되기도 한다.

일단 49재만 이야기를 하자면 그 재를 통해 사람들이 모이고 그 죽은 영가도 절의 법당에서 벌어지는 법회에 참여를 한 것이 된다.

죽은 이와 살아있는 모든 인연들이 법문을 듣고 그 살아있는 존재에서 죽은 영가로 변화한 그 상황에 잔치라고 표현할 49재를 여는 것이다.

그래서 장례의식은 예전에 배우 안성기가 나오는 축제라는 영화로 나온 적이 있다.

그 의식을 통해 살아있는 이나 죽은 이들이 모여 한자리에서 음식을 나누어 먹고 법문을 듣는 과정이다.

죽은 이의 자식과 같은 행효자는 그 재를 준비하고 그 죽음이라는 인연으로 모인 이들에게 음식과 법문을 베푸는 선업을 짓는 것이다.

이 과정들이 영화 〈신과 함께〉를 통해 49재의 이야기를 풀어낸 것이다.

사람들의 관계를 통해 우리는 어떤 인생의 결과물들을 성취한다. 그 관계가 없으면 인연이랄 것도 없고, 흉액이니 복이니 이야기 할 것도 없다.

명예도 사람들과 살아가는 가운데 그 속에서 나오는 관계속에서 이루어지는 결과다. 누군가와 관계가 이어지고 인연을 맺거든 신뢰, 믿음을 만드는 과정이 우선되어야 한다.

누군가를 속이고, 이용해 먹으려는 생각을 품고 행동한다면 그 관계는 좋은 결과를 얻지 못한다.

누군가에게 일을 지시하고 시키는 것을 좋아하거나 즐기지 말아라.

그것이 복을 짓는게 아니고 남을 이용하는 것이 되니 스스로 솔선수범하라.

인생의 중반이 넘어가서도 내 이익만을 쫓아 살기만 하지 말고 주변을 둘러보라.

그리고 나누어라 스스로 가지고 있는 것에서 조금이라도 덜어 나누며 살수 있는 사람이 되라.

커피를 마시는 것에 대한 변명

64

　　　　　요즘은 아침공양이 끝나면 절을 몇바퀴 걷고 방에 들어와 커피를 내린다. 절에 살면서 차를 많이 마셨는데 당뇨 판정을 받고나서부터 다시 원두커피를 내려 마시기 시작했다.

　십여년전에 처음 사이폰커피를 마시기 시작했는데 사이폰커피기구가 늘어 네 세트까지 있다가 하나는 유리가 깨져서 버리고 한 세트만 남겨두고 두 세트는 다른 곳에 보내버렸다.

　사이폰커피를 마시기 시작한 이유는 다른 커피들보다 연하고 부드러워서 숭늉처럼 마실수 있어서였다.

　참선을 하기 전에 원두커피 한잔을 마시고 앉으면 한시간 동안 심장이 울렁거려서 마음이 가라 앉지 않아 커피 마시기를 꺼리다가 누군가에게 사이폰커피를 마셔보라고 추천받았다.

　그렇게 시작한 커피는 보이차나 녹차, 혹은 홍차보다 내려 마시기가 번거로와서 그렇게 즐기는 편은 되질 못했다.

거기다 원두커피를 갈거나 찌꺼기를 처리하는 일도 번잡스럽게 느껴져서 보통 연근차를 마셨다.

구기자차나 산수유차, 무우차도 가끔 마시곤 한다.

겨울이 되면 보이차를 마시게 되는데 몸에 열이 올라 등에 땀이 나곤 한다.

하지만 보이차도 하도 여러가지가 있어서 차 하나 마시는데 뭘 알아야 할게 그리 많은지 번잡스럽다.

'광이불요' 라는 말이 있다.

세상을 살면서 사람이 뛰어나도 그것을 드러내지 않고 은은하게 주변을 비추며 살아가라는 말이다.

빛이 난다고 해서 번쩍번쩍 광이 나는게 아니라 은은해서 요란스럽지 않아야 한다는 말이다.

비슷한 것으로 '화광동진' 을 이야기한다.

빛을 조화롭게하여 먼지와 같게 한다 라는 말인데 세상에 자신을 드러내지 않고 사람들과 어울려 살아가는 것을 말한다.

절집 대웅전 법당 바깥 벽에 많이 그려지는 십우도 혹은 심우도 라는 열개의 그림이 있는데 불교에서 수행자가 자신의 '도' 를 찾아가는 그림이다.

자신의 마음을 소에 비유하여 그려 놓은 것인데 내 스스로 흰 소의 등뒤에 타고 걸림없이 가는 그림이 있다.

그 뒤에 원이 그려져 있고 마지막 그림은 환지본처다.

본래 그 자리로 돌아온다는 것인데 애초 출가의 목표가 산속에 숨어 평생 수행을 하면서 살다 죽는게 아니다.

결국 관세음보살의 화현(다양한 모습의 사람들로 모습을 보이는 것)이 되어 세상에 들어가 진리를 행하며 살아가는 것이다.

　그게 천강유수천강월일 것이다.

　천개의 강에 흐르는 물에 비추어진 천개의 은은한 부처님의
법을 비추는 달들.

　커피 이야기에 요설이 길었다.

겨울채비

65

매년 가을이 되면 이 산중암자에 살면서 해야 하는 일들이 있다. 겨울채비를 해야 하는데 장작을 준비해야 하고, 보일러 기름을 건물마다 다 채워놔야 하고, 김장을 해야 한다.

그러나 이것보다 더 중요한 것이 낙엽 치우는 일이다.

산에 살면 절로 올라오는 길 위에 떨어지는 낙엽을 치우지 않을수 없다.

낙엽은 마치 비처럼 쏟아져 내린다.

낙엽 중에 벚나무에서 떨어진 잎사귀들이 특히 곱다.

단풍나무 잎사귀들이 너무 비가 오지 않고 건조한 가을이어서인지 나무에서 그대로 말라버린 것들이 있다.

3키로나 되는 절로 올라오는 숲길은 낙엽에 뒤덮여 절을 찾는 자동차들의 바퀴가 미끄러져 고생을 한다.

스님들이 복을 짓는 일중에서 대표적인 복짓는 일이 있다.

그 하나는 절에 오는 모든 이들이 먹는 공양간의 밥 짓는 일이
고, 또 길을 닦는 일이고, 또 샘을 파는 일(요즘은 자주 있는 일
이 아니다)같은 것들이다.

길을 닦는다는 것이 새로 길을 내야 하는일을 말하지만 요즘
세상에는 길 청소같은 관리하는 일들도 중요하다.

모두 다 나를 위하기보다 여러 사람의 편리를 위한 일이다.

어느 산승의 부도

66

이 산에 살면서 절 주변 산들을 이리저리 다니며 풀을 보기도 하고, 어디에 어떤 나무가 있는지 보기도 하고, 작은 산줄기 너머 시누대가 자란 터에 멧돼지가 새끼를 낳아 자신의 집으로 살아가는 것을 보기도 했다.

그리고 어쩌다 이 절에 대한 작은 한줄짜리 기록이라도 보기라도 하면 그것을 확인하기 위해 찾아다니기도 했다.

내가 사는 이 땅은 사연 없는 곳이 없는 듯 하다.

내가 알든 모르든…이 절에도 남명 조식선생(1501 ~1573)이 젊은 시절 잠시 와서 공부하고 머물렀으며, 곽재우 홍의장군이 와서 공부했다는 이야기도 가끔 듣긴한다.

또 산 아래쪽으로 큰 절이 있었다는 이야기도, 임진왜란을 지나면서 사라졌다는 이야기도 들었다.

그러다가 산에서 바위가 서 있구나하고 지나치던 그 바위에서 누군가 바위에 새겨놓은 오래된 글씨를 발견했다.

그리고 그 글씨를 읽어보려 했으나 잘 보이지 않아 언젠가 탁본을 떠봐야겠다는 마음만 두고 있었다.

얼마전 미술사 동호회 사람들이 이 절에 답사를 왔기에 그들과 같이 그 바위 글씨를 보러 갔다.

그리고 읽어낸 글들.

강희 41 임오 7월 일 각월당 혜흠대사.

부도조성 편수 두휘 내용은 이랬다.

1703년(강희 41년/임오년) 각월당 혜흠이라는 스님이 돌아가셔서 이 바위에 부도를 조성한다.

이 바위글씨를 새긴이(일의 총 책임자)는 두휘라는 사람이다. 승려들이 죽고 나면 큰스님이라는 분들은 보통 부도탑을 세운다.

그 부도들은 산에 탑처럼 서 있는 경우가 많다.

부도들의 모양이 크게 큰 범종 모양이거나 항아리 모양인 경우가 많다.

요즘에 만들어지는 부도들은 모양이 더 특이한 경우도 있다.

하지만 이렇게 산에 그냥 자연스럽게 서 있는 바위에 글씨를 새기고 부도로 만든 경우를 난 들어보지 못했었다.

통도사 들어가는 솔밭길 옆으로 바위에 새겨진 글씨들이 참 많다.

보통 사람 이름이 새겨진 경우가 많은데 가끔은 조상 위패처럼 새겨놓은 것들도 있다.

하지만 스님들의 부도를 그렇게 했다는 이야기를 난 들어본 적이 없었다.

미술사 동호회에서 부도를 논문 준비하고 있다는 분도 놀라며 시대가 이렇게 앞선 것을 본 적이 없다며 이 마애부도(바위에 새겨진 부도형식)가 가장 오래된 것일거라 말했다.

나는 그래서 통도사 박물관에 보고하고, 문화재 등록을 위해 보고서 작성을 위한 전문가를 모셔서 확인해 보기로 했다.

보통의 사람들이 죽고 나면 매장인 경우 상석에 이름을 새기고 비석을 만들곤 한다.

그러나 산속에 살던 이름없는 승려들은 죽고 나면 화장을 하고 어딘가에 조용히 뿌려지고 말았다.

누군가 한사람의 일생을 부도로 만들어 주지 않으면 흔적없이 사라진다.

재력이 풍부해 화려한 조각을 자랑하는 부도를 만들수도 있겠지만 또 이렇게 산에 평생 산 산승이 떠나고 산에 자연스레 서있는 바위에 새겨진 부도가 나는 더 처연하고 아름답게 느껴진다.

얼마나 산승(산에 사는 승려)같은 바위인가.

오십이 넘어서야 보이는 것들

67

호랑이가 죽으면 가죽을 남기고 사람이 죽으면 이름을 남긴다는 속담을 어릴적 들었다. 아마도 한 사람이 어떤 인생을 살아야 하는지에 대한 가르침이 아닐까 한다. 인생을 살아가면서 사람들과의 부딪힘이 서로만을 욕망의 충돌에 의한 결과들이지 싶다.

그 욕망은 대부분 자신의 몸뚱아리를 바탕으로 이루어지는데 이솝우화에 나오는 까마귀가 아름다운 다른 새의 깃털을 자신 의몸에 치장하는것처럼 사람들은 자신을 치장하려는 욕망으로 혹은 자신의 명예욕, 수면욕, 성욕, 식욕 등의 탐욕을 채우고자 끊임없이 돈을 벌거나 높은 자리에 오르거나, 혹은 무엇인가가 소유하려 노력한다.

이런 것들이 전부 내 몸뚱아리에 근본적으로 생겨나는 욕망을 채우려는 행동들을 채우려 노력하지만 우리는 늘 그 욕심을 다 채우지 못하고 만다.

자신의 지나간 잘못이나 부끄럼을 감추고 남을 속이고 살아가지만 결국 내 마음속 양심만큼 어쩌지 못하곤 한다. 결국 사람들이 찾는 행복은 내 욕망을 채우고자 하는 노력보다 그 욕망을 줄여서 만족감을 느낄때 얻어진다 .

'소확행' 이라고 해야할까. 소소한 것에서 얻어지는 행복들이 남에게 피해를 주지 않고, 세상 사람들과의 관계를 파괴하지 않고 살아가는 지혜가 아닐까.

대통령이 된들, 장관이 된들, 그 행위들이 자신의 욕망을 채우는 일에만 몰두하는 것이라면, 그 성취된 자리나 돈이 내게 행복감을 얼마나 줄수 있을까.

나이 오십이 넘어서야 보이는 것들이 있다.

갱년기가 오고 나서야 인생을 뒤돌아보고 자신을 반성하고 참회하는 기회가 주어진 것에 감사한다.

부끄러움 없이 살아보려 노력하지만 잘 되지 않을 때가 많다. 그러나 부자가 되는게 자랑스러움이 아니다. 부자가 되는 것보다 얼마나 주변 사람들과 잘 나누며 어울려 살았는가가 자랑스러움이다. 내 옆에 진정한 벗들이 한사람이라도 남아 있다면 자랑스러워 할 일이다.

명예가 생겼다 해서 자랑할 일이라기 보다 그 명예가 이웃들을 위하며 살아온 결과물인가에 더 자랑스러움의 기준이 되기를 바래본다.

내가 잘났다고 어깨 으쓱거리며 살아봐야 속된 말로 미친 여자 머리에 꽂은 꽃과 다를 바 없다.

남들은 그 머리에 꽃을 꽂았다고 그가 이뻐 보이지 않는다.

그냥 자신 혼자 이뻐졌다고 잘난체 하는 일일 뿐.

나 자신의 어떤 행동이 주변의 누군가에게 도움이 되기를 바라면서 살아가라.

그러나 자신도 이익되게 하라.

그게 자리이타다.

마음 그릇

68

절에 돌아온 후에 이런 저런 바쁜 일들을 끝내고, 오늘 아침 산을 오르면서 절집에서 스님들이 자주 이야기 하는 마음 그릇에 대해 다시 되새겨 보았어.

여기 내 마음이라는 그릇이 하나 있어.

그 그릇은 본래 투명하고 맑은 그릇인데 세상을 살면서 조금씩 때가 끼었지.

근데 세상을 살면서 그 그릇에 무언가를 담으려고 사람들은 지식을 담기도 하고, 다른 좋은 인연을 담기도 하지.

또 어떤 이는 나쁜 기운을 담기도 해.

기와 운은 같이 붙어다니는 거라서 어떤 이의 좋은 기운을 내가 받으면 나도 좋은 운들을 만나지.

그래서 좋은 기운을 가진 이들과 살아야 하고, 좋은 기운을 가진이들이 주변에 많기를 바래야지.

그릇에 개밥을 담으면 개밥 그릇 취급을 받으며 살게 되고 그릇에 꿀을 담으면 꿀단지 취급을 받지.

내가 스스로 좋은 기운을 만들려면 좋은 기운을 먼저 많이 받는게 중요하지.

그 일이 사람 인연을 어떻게 만드느냐에 따라 내 운과 복이 변하는거지.

내 마음이 밝고 늘 행복해 지려거든 좋은 기운을 가진 이를 먼저 만나고 그 기운을 받고 내 마음그릇에 담아.

그 그릇에 담긴 기운이 맑아야 내 그릇도 맑을 테고 그 그릇에 담긴 기운이 어두우면 그릇도 어둡겠지.

그릇이 더러워지면 다시 깨끗이 하기가 어려워져.

그릇을 다 비우고 다시 맑은 물을 담아 닦아야겠지.

본래 그릇은 텅 비고 맑은 그릇이었으나 그릇의 용도를 다하기 위해 무언가를 담지.

그 무언가가 모두의 이익이 되는 양식이었으면 좋겠어.

바람이 홀로 생각하는가
©2025 도진

초판 1쇄 인쇄 2025년 09월 15일
초판 1쇄 발행 2025년 09월 22일

지은이 도진

펴낸이 김윤희
기획 김윤희
사진 도진
디자인 배종윤

펴낸곳 맑은소리맑은나라
주소 부산광역시 수영구 좌수영로 125번길 14-3 올리브센터
전화 051-255-0263 팩스 051-255-0953
이메일 puremind-ms@hanmail.net
출판등록 2000년 7월 10일 제 02-01-295 호

ISBN 979-11-93385-25-8 03810 값 18,000원